I libretti d'Opera

Nuova collana a cura di Eduardo Rescigno

Gaetano Donizetti

Maria Stuarda

Tragedia lirica in quattro parti

di

Giuseppe Bardari

Testi a cura di Eduardo Rescigno

Avvertenza. Ripubblichiamo qui senza varianti, se non di ordine tipografico, il libretto stampato in occasione della prima rappresentazione dell'opera al Teatro alla Scala di Milano il 30 dicembre 1835 ("MARIA STUARDA / tragedia lirica / in quattro parti / da rappresentarsi / nell'Imp. Reg. Teatro alla Scala / Il Carnevale 1835-36 / [fregio] / Milano / per Luigi di Giacomo Pirola / M.DCCC.XXXV"). Nelle note al libretto sono segnalate alcune delle più significative varianti con la partitura autografa, utilizzando per il confronto l'edizione critica dell'opera a cura di Anders Wiklund (Edizione critica delle opere di Gaetano Donizetti, Ricordi, Milano, 1991). Inoltre, sono segnalati i riferimenti alla fonte del libretto, la tragedia in cinque atti **Maria Stuart** di Friedrich Schiller (Weimar, Teatro di Corte, 14 giugno 1800) nella traduzione italiana di Andrea Maffei (Milano, 1830).

Indice

Il compositore

Gaetano Donizetti nasce a Bergamo, nel quartiere periferico della città alta Borgo Canale, il 29 novembre 1797, da Andrea (che forse a quel tempo è tessitore, e diventerà poi portiere del Monte di Pietà) e da Domenica Nava, tessitrice. Nel 1806 viene accolto in una scuola di musica gratuita denominata "Le Lezioni Caritatevoli", voluta e diretta dal compositore Simon Mayr. Questi fu il primo maestro di Donizetti, e lo iniziò alla conoscenza dello strumentalismo tedesco; inoltre lo fece cantare in un suo oratorio e nella farsa *Alcide al bivio*, e gli diede il ruolo di protagonista nell'operina scolastica *Il piccolo compositore di musica*, rappresentata nel 1811, e che contiene qualche brano composto dal giovane allievo.

Dal 1815 al 1817 Donizetti, a spese della Congregazione di Carità di Bergamo, è a Bologna, a studiare con Padre Mattei, l'allievo prediletto di Padre Martini. Dopo varie e interessanti composizioni strumentali, e alcuni tentativi operistici non rappresentati, Donizetti inizia la carriera teatrale nel 1818 con l'*Enrico di Borgogna*, su libretto dell'amico d'infanzia Bartolomeo Merelli, che ha una discreta accoglienza e che frutta successivi contratti. Ma è solo con la *Zoraide di Granata*, rappresentata a Roma nel 1822, che il giovane compositore raggiunge un consistente successo. I contratti per Roma e per Napoli si infittiscono, ma Donizetti raggiunge anche la Scala con *Chiara e Serafina* (1822). Nel 1825-26 ottiene l'incarico di "maestro di Cappella" al Teatro Carolino di Palermo, ma scrive ancora per Napoli; nel 1827 si lega con un contratto (dodici opere in tre anni) con il più importante impresario del tempo, Domenico Barbaja, assumendo anche la direzione del Teatro Nuovo di Napoli. Nel giugno 1828 sposa a Roma Virginia Vasselli, di famiglia agiata, mentre continua frenetica l'attività di operista: quattro opere nuove nel 1827, tre nel 1828 e altre tre nel 1829, e ancora tre nei primi otto mesi del 1830. Tranne una per Roma e una per Genova, sono tutte destinate a Napoli.

Il 26 dicembre 1830 presenta al Teatro Carcano di Milano

l'*Anna Bolena*, su libretto di Felice Romani, con Giuditta Pasta e Giovanni Battista Rubini: il trionfo di quest'opera segna l'inizio di un nuovo e ancor più intenso periodo creativo, che tocca tutte le principali piazze della penisola. Negli anni successivi scrive tre, quattro opere all'anno, che vengono rappresentate a Milano, a Napoli, a Roma, a Firenze. Nel 1834 viene nominato insegnante di contrappunto e composizione al Reale Collegio di Musica di Napoli, mentre Rossini gli fa ottenere la commissione per un'opera da rappresentare al Théâtre-Italien di Parigi: sarà il *Marin Faliero*, che vede la luce nel marzo 1835. Poco dopo fa rappresentare a Napoli la *Lucia di Lammermoor*, che lo impone, dopo la morte di Bellini, come il maggior operista d'Europa. Segue un periodo particolarmente infelice, perché tra la fine del 1835 e l'estate dell'anno seguente gli muoiono i genitori, due figli e la moglie, e gli viene negata la nomina a direttore del Reale Collegio di Musica. Ma il suo catalogo di operista continua ad arricchirsi con produzioni destinate a Venezia e a Napoli, fino alla *Maria di Rudenz* del gennaio 1838.

Affiorano in Donizetti i sintomi di una grave malattia, e l'attività rallenta; ma già nel 1840 riprende intensamente a comporre, anche se sempre più spesso afflitto da forti dolori di capo: compone soprattutto per Parigi, ma anche per Roma, per Milano e per Vienna. Nel 1842 dirige a Bologna e poi a Vienna lo *Stabat Mater* di Rossini, poi nasce l'ultimo capolavoro comico, il *Don Pasquale* (Parigi 1843), e altre due opere serie per Vienna e per Parigi. Nel 1844 si adopera per il successo dell'*Ernani* verdiano a Vienna, poi torna a Parigi in condizioni di salute precaria. All'inizio del 1846 viene internato con un inganno nel manicomio di Ivry-sur-Seine, e l'isolamento aggrava ulteriormente le sue condizioni di salute. Alla fine del 1847, ormai del tutto incosciente, viene trasportato a Bergamo, dove si spegne l'8 aprile 1848 senza aver più avuto momenti di lucidità.

Cronologia delle opere di Donizetti

1. Il Pigmalione

Scena lirica in un atto, libretto di anonimo, tratto dal libretto *Pimmalione* di Simeone Antonio Sografi, già musicato da Giovanni Battista Cimador (1790), derivato dalla scena lirica *Pygmalion* (1770) di Jean-Jacques Rousseau, musica di Horace Coignet e J.-J. Rousseau.
Composta nel 1816.
I rappresentazione postuma: Bergamo, Teatro Donizetti, 13 ottobre 1960.

2. L'ira di Achille

Opera seria in due atti, libretto di anonimo, tratto dal libretto omonimo di Felice Romani, già musicato da Giuseppe Nicolini (1815).
Composta nel 1817, incompleta: solo il primo atto e un duetto del secondo atto.
Non rappresentata.

3. Enrico di Borgogna

Opera semiseria in due atti, libretto di Bartolomeo Merelli, tratto dalla commedia *Der Graf von Burgund* (1795) di August von Kotzebue.
I rappresentazione: Venezia, Teatro di San Luca, 14 novembre 1818.

4. Una follia (altro titolo: *Il ritratto parlante*)

Farsa in un atto, libretto di Bartolomeo Merelli, tratto dal libretto omonimo di Leone Andrea Tottola, già musicato da Giacomo Cordella (1813).
Partitura perduta.
I rappresentazione: Venezia, Teatro di San Luca, 17 dicembre 1818.

5. Pietro il Grande, Kzar delle Russie (altro titolo: *Il falegname di Livonia*)

Melodramma burlesco in due atti, libretto di Gherardo Bevilacqua Aldovrandini, tratto dalla commedia *Le Menuisier de Livonie, ou Les illustres voyageurs* (1805) di Alexandre Duval.
I rappresentazione: Venezia, Teatro di San Samuele, 26 dicembre 1819.

6. Le nozze in villa

Opera buffa in due atti, libretto di Bartolomeo Merelli, tratto dalla commedia *Die deutschen Kleinstädter* (1802) di August von Kotzebue.
I rappresentazione: Mantova, Teatro Vecchio, Stagione di Carnevale 1820-21.

7. Zoraide di Granata

Opera seria in due atti, libretto di Bartolomeo Merelli, tratto dal romanzo *Gonzalve de Cordoue* (1791) di Jean-Pierre Claris de Florian.
I rappresentazione: Roma, Teatro Argentina, 28 gennaio 1822.
Nuova versione, libretto rimaneggiato da Jacopo Ferretti: Roma, Teatro Argentina, 7 gennaio 1824.

8. La zingara

Opera semiseria in due atti, libretto di Leone Andrea Tottola, tratto dalla commedia *La petite Bohémienne* (1816) di Louis-Charles Caigniez.
I rappresentazione: Napoli, Teatro Nuovo, 12 maggio 1822.

9. La lettera anonima

Farsa in un atto, libretto di Giulio Genoino, tratto dalla commedia *Mélite, ou Les fausses lettres* (1630) di Pierre Corneille.
I rappresentazione: Napoli, Teatro del Fondo, 29 giugno 1822.

10. Chiara e Serafina, ossia I pirati

Opera semiseria in due atti, libretto di Felice Romani, tratto dalla commedia *La Citerne* (1809) di René-Charles-Guilbert de Pixérécourt.
I rappresentazione: Milano, Teatro alla Scala, 26 ottobre 1822.

11. Alfredo il Grande

Opera seria in due atti, libretto di Leone Andrea Tottola.
I rappresentazione: Napoli, Teatro San Carlo, 2 luglio 1823.

12. Il fortunato inganno

Opera buffa in due atti, libretto di Leone Andrea Tottola.
I rappresentazione: Napoli, Teatro Nuovo, 3 settembre 1823.

13. L'ajo nell'imbarazzo

Opera buffa in due atti, libretto di Jacopo Ferretti, tratto dalla commedia omonima (1807) di Giovanni Giraud.
I rappresentazione: Roma, Teatro Valle, 4 febbraio 1824.
Nuova versione, in napoletano, con il titolo *Don Gregorio*: Napoli, Teatro Nuovo, 11 giugno 1826.

14. Emilia di Liverpool

Opera semiseria in due atti, libretto di anonimo, già musicato da Vittorio Trento con il titolo *Emilia di Laverpaut* (1817), tratto dalla commedia *Die väterlich Erwartung* (1788) di August von Kotzebue.

I rappresentazione: Napoli, Teatro Nuovo, 28 luglio 1824.
Nuova versione, con libretto rimaneggiato da Giuseppe Checcherini: Napoli, Teatro Nuovo, 8 marzo 1828.

15. Alahor in Granata

Opera seria in due atti, libretto di M.A., adattamento del libretto *L'esule di Granata* di Felice Romani, già musicato da Giacomo Meyerbeer (1822), tratto dal romanzo *Gonzalve de Cordoue* (1791) di Jean-Pierre Claris de Florian.

I rappresentazione: Palermo, Teatro Carolino, 7 gennaio 1826.

16. Elvida

Opera seria in un atto, libretto di Giovanni Schmidt.
I rappresentazione: Napoli, Teatro San Carlo, 6 luglio 1826.

17. Gabriella di Vergy

Opera seria in due atti, libretto di Leone Andrea Tottola, già musicato da Michele Enrico Carafa (1816), tratto dalla tragedia *Gabrielle de Vergy* (1777) di Dormont de Belloy.

Composta a Napoli nel 1826; rimaneggiata nel 1838.
I rappresentazione postuma: Napoli, Teatro San Carlo, 29 novembre 1869.

18. Olivo e Pasquale

Opera buffa in due atti, libretto di Jacopo Ferretti, tratto dalla commedia omonima (1794) di Simeone Antonio Sografi.
I rappresentazione: Roma, Teatro Valle, 7 gennaio 1827.
Nuova versione: Napoli, Teatro Nuovo, 1° settembre 1827.

19. Otto mesi in due ore (altro titolo: *Gli esiliati in Siberia*)

Opera romantica in tre parti, libretto di Domenico Gilardoni, tratto dal dramma *La Fille de l'exilé, ou Huit mois en deux heures* (1819) di René-Charles-Guilbert de Pixérécourt.
I rappresentazione: Napoli, Teatro Nuovo, 13 maggio 1827.
Nuova versione, libretto rimaneggiato da Antonio Alcozer: Livorno, 1831.

20. Il borgomastro di Saardam

Opera buffa in due atti, libretto di Domenico Gilardoni, tratto dal dramma *Le Bourgmestre de Saardam* (1818) di Mélesville, Jean-Toussaint Merle e Jean-Bernard-Eugène Cantiran de Boire.
I rappresentazione: Napoli, Teatro del Fondo, 19 agosto 1827.

21. Le convenienze teatrali

Farsa in un atto, libretto di Gaetano Donizetti, tratto dalla commedia omonima (1794) di Simeone Antonio Sografi.
I rappresentazione: Napoli, Teatro Nuovo, 21 novembre 1827.
Nuova versione in due atti, col titolo *Le convenienze ed inconvenienze teatrali*, libretto rimaneggiato da Gaetano Donizetti, utilizzando la commedia *Le inconvenienze teatrali* (1800) di Simeone Antonio Sografi: Milano, Teatro della Canobbiana, 20 aprile 1831.

22. L'esule di Roma, ossia Il proscritto

Opera seria in due atti, libretto di Domenico Gilardoni, tratto dal dramma *Androclès, ou Le Lion reconnaissant* (1804) di Louis-Charles Caigniez.
I rappresentazione: Napoli, Teatro San Carlo, 1° gennaio 1828.

23. Alina, regina di Golconda

Opera buffa in due atti, libretto di Felice Romani, tratto dal balletto eroico *Aline, reine de Golconde* (1766) di Michel-Jean Sedaine, musicato da Pierre-Alexandre Monsigny.
I rappresentazione: Genova, Teatro Carlo Felice, 12 maggio 1828.
Nuova versione: Roma, Teatro Valle, 10 ottobre 1829.

24. Gianni di Calais

Opera semiseria in tre atti, libretto di Domenico Gilardoni, tratto dalla commedia *Jean de Paris* (1821) di Louis-Charles Caigniez.
I rappresentazione: Napoli, Teatro del Fondo, 2 agosto 1828.

25. Il paria

Opera seria in due atti, libretto di Domenico Gilardoni, tratto dalla tragedia *Le Paria* (1821) di Casimir-Jean-François Delavigne.
I rappresentazione: Napoli, Teatro San Carlo, 12 gennaio 1829.

26. Il giovedì grasso (altro titolo: *Il nuovo Pourcegnac*)

Farsa in un atto, libretto attribuito a Domenico Gilardoni, tratto dal vaudeville *Encore un Pourceaugnac, ou Les Limousins vengés* (1817) di Eugène Scribe e Delestre-Poirson.
I rappresentazione: Napoli, Teatro del Fondo, 26 febbraio 1829.

27. Elisabetta al castello di Kenilworth (altro titolo: *Il castello di Kenilworth*)

Opera seria in tre atti, libretto di Leone Andrea Tottola, tratto dal dramma omonimo (1824) di Gaetano Barbieri, derivato dal romanzo *Kenilworth* (1821) di Walter Scott.
I rappresentazione: Napoli, Teatro San Carlo, 6 luglio 1829.

---

28. I pazzi per progetto

Farsa in un atto, libretto di Domenico Gilardoni, tratto dalla commedia omonima (1819) di Giovan Carlo Cosenza, derivata dal vaudeville *Une visite à Bedlam* (1818) di Eugène Scribe e Delestre-Poirson.
I rappresentazione: Napoli, Teatro del Fondo, 6 febbraio 1830.

---

29. Il diluvio universale

Azione tragico-sacra in tre atti, libretto di Domenico Gilardoni, tratto dalla tragedia *Il diluvio* (1788) di Francesco Ringhieri, dal dramma *Heaven and Earth, a Mystery* (1823) di George Gordon Byron e dal poema *The Loves of the Angels* (1823) di Thomas Moore.
I rappresentazione: Napoli, Teatro San Carlo, 6 marzo 1830.
Nuova versione: Genova, Teatro Carlo Felice, 17 gennaio 1834.

---

30. Imelda de' Lambertazzi

Opera seria in due atti, libretto di Leone Andrea Tottola, tratto dalla tragedia *Imelda* (1825) di Gabriele Sperduti.
I rappresentazione: Napoli, Teatro San Carlo, 5 settembre 1830.

---

31. Anna Bolena

Opera seria in due atti, libretto di Felice Romani.
I rappresentazione: Milano, Teatro Carcano, 26 dicembre 1830.

32. Gianni di Parigi

Opera comica in due atti, libretto di Felice Romani, già musicato da Francesco Morlacchi (1818), tratto dal libretto *Jean de Paris* di Claude Godard d'Aucourt de Saint-Just, musicato da Adrien Boïeldieu (1812).
Composta nel 1831.
I rappresentazione: Milano, Teatro alla Scala, 10 settembre 1839.

33. Francesca di Foix

Opera semiseria in un atto, libretto di Domenico Gilardoni, tratto dal libretto *François de Foix* di Jean-Nicolas Bouilly e Louis-Emmanuel-Félicité-Charles Mercier Dupaty, musicato (1809) da Henry-Montan Berton.
I rappresentazione: Napoli, Teatro San Carlo, 30 maggio 1831.

34. La romanziera e l'uomo nero

Farsa in un atto, libretto di Domenico Gilardoni.
I rappresentazione: Napoli, Teatro del Fondo, 18 giugno 1831.

35. Fausta

Opera seria in due atti, libretto di Domenico Gilardoni e Gaetano Donizetti.
I rappresentazione: Napoli, Teatro San Carlo, 12 gennaio 1832.

36. Ugo, conte di Parigi

Opera seria in due atti, libretto di Felice Romani, tratto dalla tragedia *Blanche d'Aquitaine* (1827) di Hippolyte-Louis-Florent Bis.
I rappresentazione: Milano, Teatro alla Scala, 13 marzo 1832.

37. L'elisir d'amore

Opera comica in due atti, libretto di Felice Romani, tratto dal libretto *Le Philtre* (1831) di Eugène Scribe, musicato da Daniel Auber.
I rappresentazione: Milano, Teatro della Canobbiana, 12 maggio 1832.

38. Sancia di Castiglia

Opera seria in due atti, libretto di Pietro Salatino.
I rappresentazione: Napoli, Teatro San Carlo, 4 novembre 1832.

39. Il furioso all'isola di San Domingo

Opera semiseria in tre atti, libretto di Jacopo Ferretti, tratto dalla commedia omonima (1820) di anonimo, a sua volta tratta dal romanzo *El ingenioso hidalgo don Quijote de la Mancha* (parte I, capp. 23-27, 1605) di Miguel de Cervantes Saavedra.
I rappresentazione: Roma, Teatro Valle, 2 gennaio 1833.
Nuova versione: Milano, Teatro alla Scala, 1° ottobre 1833.

40. Parisina

Opera seria in tre atti, libretto di Felice Romani, tratto dal poema *Parisina* (1816) di George Gordon Byron.
I rappresentazione: Firenze, Teatro della Pergola, 17 marzo 1833.

41. Torquato Tasso

Opera semiseria in tre atti, libretto di Jacopo Ferretti.
I rappresentazione: Roma, Teatro Valle, 9 settembre 1833.

42. Lucrezia Borgia

Opera seria in un prologo e due atti, libretto di Felice Romani, tratto dal dramma *Lucrèce Borgia* (1833) di Victor Hugo.
I rappresentazione: Milano, Teatro alla Scala, 26 dicembre 1833.
Nuova versione: Milano, Teatro alla Scala, 11 gennaio 1840.
Terza versione: Parigi, Théâtre-Italien, 31 ottobre 1840.

43. Rosmonda d'Inghilterra

Opera seria in due atti, libretto di Felice Romani, già musicato (1829) da Carlo Coccia, modificato dallo stesso Romani.
I rappresentazione: Firenze, Teatro della Pergola, 27 febbraio 1834.
Nuova versione, 1837: non rappresentata.

44. Maria Stuarda

Tragedia lirica in quattro parti, libretto di Giuseppe Bardari, tratto dalla tragedia *Maria Stuart* (1800) di Friedrich Schiller. Composta nel 1834, non rappresentata per divieto del re di Napoli Ferdinando II dopo la prova generale al Teatro San Carlo, nel settembre 1834.

 Elisabetta: Anna Del Sere, soprano
 Maria Stuarda: Giuseppina Ronzi De Begnis, soprano
 Roberto di Leicester: Francesco Pedrazzi, tenore
 Giorgio Talbot: Carlo Porto, basso
 Lord Guglielmo Cecil: Federico Crespi, baritono
 Anna Kennedy: Teresa Zappucci, mezzosoprano

I rappresentazione: Milano, Teatro alla Scala, 30 dicembre 1835.

 Elisabetta: Giacinta Puzzi-Toso, soprano
 Maria Stuarda: Maria Malibran, soprano
 Roberto di Leicester: Domenico Reina, tenore
 Giorgio Talbot: Ignazio Marini, basso
 Lord Guglielmo Cecil: Pietro Novelli, baritono
 Anna Kennedy: Teresa Moja, mezzosoprano
 Scene: Baldassare Cavallotti e Domenico Menozzi

45. Buondelmonte

Opera seria in due atti, rifacimento di *Maria Stuarda*, libretto di Pietro Salatino.
I rappresentazione: Napoli, Teatro San Carlo, 18 ottobre 1834.

46. Gemma di Vergy

Opera seria in due atti, libretto di Giovanni Emanuele Bidera, tratto dalla tragedia *Charles VII chez ses grands vassaux* (1831) di Alexandre Dumas père.
I rappresentazione: Milano, Teatro alla Scala, 26 dicembre 1834.

47. Marin Faliero

Opera seria in tre atti, libretto di Giovanni Emanuele Bidera, tratto dalla tragedia omonima (1829) di Casimir-Jean-François Delavigne.
I rappresentazione: Parigi, Théâtre-Italien, 12 marzo 1835.

48. Lucia di Lammermoor

Dramma tragico in due parti (tre atti), libretto di Salvatore Cammarano, tratto dal romanzo *The Bride of Lammermoor* (1819) di Walter Scott.
I rappresentazione: Napoli, Teatro San Carlo, 26 settembre 1835.
Nuova versione, libretto tradotto in francese da Alphonse Royer e Gustave Vaëz: Parigi, Théâtre de la Renaissance, 6 agosto 1839.

49. Belisario

Opera seria in tre atti, libretto di Salvatore Cammarano scritto nel 1832, tratto dal dramma omonimo di Luigi Marchionni, derivato dal dramma *Belisarius* (1820) di Eduard von Schenk.
I rappresentazione: Venezia, Teatro La Fenice, 4 febbraio 1836.

50. Il campanello

Farsa in un atto, libretto di Gaetano Donizetti, tratto dal vaude-ville *La Sonnette de nuit* (1836) di Léon Lévy Brunsvick, Mathieu-Barthélemy Troin e Victor Lhérie.
I rappresentazione: Napoli, Teatro Nuovo, 1° giugno 1836.

51. Betly, ossia La capanna svizzera

Opera giocosa in un atto, libretto di Gaetano Donizetti, tratto dal libretto *Le Chalet* di Eugène Scribe e Mélesville, musicato (1834) da Adolphe Adam .
I rappresentazione: Napoli, Teatro Nuovo, 21 agosto 1836.
Nuova versione in due atti: Napoli, Teatro del Fondo, 29 settembre 1837.

52. L'assedio di Calais

Opera seria in tre atti, libretto di Salvatore Cammarano, tratto dal dramma *Pia de' Tolomei* (1836) di Giacinto Bianco.
I rappresentazione: Venezia, Teatro Apollo, 18 febbraio 1837.
Nuova versione: Napoli, Teatro San Carlo, 30 settembre 1838.

53. Pia de' Tolomei

Opera seria in due atti, libretto di Salvatore Cammarano, tratto dal dramma *Pia de' Tolomei* (1836) di Giacinto Bianco.
I rappresentazione: Venezia, Teatro Apollo, 18 febbraio 1837.
Nuova versione: Napoli, Teatro San Carlo, 30 settembre 1838.

54. Roberto Devereux (altro titolo: *Il Conte di Essex*)

Opera seria in tre atti, libretto di Salvatore Cammarano, tratto dal dramma *Elisabeth d'Angleterre* (1829) di Jacques Ancelot.
I rappresentazione: Napoli, Teatro San Carlo, 28 ottobre 1837.

55. Maria de Rudenz

Opera seria in tre atti, libretto di Salvatore Cammarano, tratto dal dramma *La Nonne sanglante* (1835) di Auguste Anicet-Bourgeois.
I rappresentazione: Venezia, Teatro La Fenice, 30 gennaio 1838.

56. Poliuto

Opera seria in tre atti, libretto di Salvatore Cammarano, tratto dalla tragedia *Polyeucte martyr* (1642) di Pierre Corneille.
Composta nel 1838, proibita dal re di Napoli Ferdinando II.
I rappresentazione postuma: Napoli, Teatro San Carlo, 30 novembre 1848.

57. Le Duc d'Albe

Grand-opéra in cinque atti, libretto di Eugène Scribe e Charles Duveyrier, tratto dalla tragedia *Les Vêpres siciliennes* (1819) di Casimir-Jean-François Delavigne.
Composta a partire dal 1839, destinata all'Opéra di Parigi, rimasta incompiuta.
I rappresentazione postuma: completata da Matteo Salvi, in traduzione italiana di Angelo Zanardini, col titolo *Il duca d'Alba*: Roma, Teatro Apollo, 22 marzo 1882.

58. La Fille du régiment

Opéra-comique in due atti, libretto di Jules-Henry de Saint-Georges e Jean-François-Albert Bayard.
I rappresentazione: Parigi, Théâtre de l'Opéra-Comique, 11 febbraio 1840.
Nuova versione, traduzione italiana di Calisto Bassi, col titolo *La figlia del reggimento*: Milano, Teatro alla Scala, 3 ottobre 1840.

59. Les Martyrs

Grand-opéra in quattro atti, rifacimento del *Poliuto* (1838), libretto di Eugène Scribe, tratto dalla tragedia *Polyeucte martyr* (1642) di Pierre Corneille.
I rappresentazione: Parigi, Théâtre de l'Opéra, 10 aprile 1840.

60. La Favorite

Grand-opéra in quattro atti, libretto di Alphonse Royer e Gustave Vaëz, revisionato da Eugène Scribe. Rifacimento di *L'Ange de Nisida*, degli stessi librettisti, già parzialmente musicato da Donizetti.

I rappresentazione: Parigi, Théâtre de l'Opéra, 2 dicembre 1840.

61. Adelia, o La figlia dell'arciere

Opera seria in tre atti, libretto di Felice Romani, *La figlia dell'arciere*, già musicato (1834) da Carlo Coccia, con il terzo atto modificato da Girolamo Marini.

I rappresentazione: Roma, Teatro Apollo, 11 febbraio 1841.

62. Rita, ou Le Mari battu.

Opéra-comique in un atto, libretto di Gustave Vaëz.
Composta nel giugno 1841.
I rappresentazione postuma: Parigi, Théâtre de l'Opéra-Comique, 7 maggio 1860.

63. Maria Padilla

Opera seria in tre atti, libretto di Gaetano Rossi e Gaetano Donizetti, tratto dalla tragedia omonima (1838) di François Ancelot.

I rappresentazione: Milano, Teatro alla Scala, 26 dicembre 1841.
Nuova versione: Trieste, Teatro Grande, 1° marzo 1842.

64. Linda di Chamounix

Opera semiseria in tre atti, libretto di Gaetano Rossi, tratto dal dramma *La Grâce de Dieu* (1841) di Adolphe-Philippe Dennery e Gustave Lemoine.
I rappresentazione: Vienna, Kärntnertortheater, 19 maggio 1842.
Nuova versione: Parigi, Théâtre-Italien, 17 novembre 1842.

65. Don Pasquale

Opera buffa in tre atti, libretto di Giovanni Ruffini, tratto dal libretto di Angelo Anelli *Ser Marcantonio*, già musicato (1810) da Stefano Pavesi.
I rappresentazione: Parigi, Théâtre-Italien, 3 gennaio 1843.

66. Ne m'oubliez pas

Opéra-comique in tre atti, libretto di Jules-Henry de Saint-Georges.
Composta nella primavera 1843, limitatamente a sette brani.
Non rappresentata.

67. Maria di Rohan

Opera seria in tre atti, libretto di Salvatore Cammarano, tratto dal dramma *Un duel sous le Cardinal de Richelieu* (1832) di Lockroy e Edmond Badon.
I rappresentazione: Vienna, Kärntnertortheater, 5 giugno 1843.
Nuova versione: Vienna, Kärntnertortheater, primavera 1844.

68. Dom Sébastien, roi de Portugal

Grand-opéra in cinque atti, libretto di Eugène Scribe, tratto dalla tragedia *Dom Sébastien de Portugal* (1838) di Paul-Henry Foucher.

I rappresentazione: Parigi, Théâtre de l'Opéra, 13 novembre 1843.

Nuova versione, in tedesco, traduzione di Leo Herz: Vienna, Kärntnertortheater, 6 febbraio 1845.

Nuova versione, in italiano, traduzione di Giovanni Ruffini, col titolo *Don Sebastiano* (versione quasi certamente non realizzata con la collaborazione di Donizetti): Milano, Teatro alla Scala, 14 agosto 1847.

69. Caterina Cornaro

Opera seria in un prologo e due atti, libretto di Giacomo Sacchero, tratto dal libretto *La Reine de Chypre* di Jules-Henry de Saint-Georges, già musicato (1841) da Jacques Halévy.

Iniziata nel 1842 per il Kärntnertortheater di Vienna, poi sospesa per la sopravvenuta rappresentazione in quel teatro (19 novembre 1842) di un'opera di Franz Lachner sullo stesso soggetto; ripresa nel 1843 per Napoli.

I rappresentazione: Napoli, Teatro San Carlo, 18 gennaio 1844.

Nuova versione: Parma, Teatro Regio, 2 febbraio 1845.

Il librettista

Giuseppe Francesco Luigi Bardari nacque a Pizzo di Calabria (Catanzaro) nel 1817, figlio di Domenico e di Francesca Giulia De Sanctis, e venne battezzato nella chiesa di San Giorgio il 27 maggio. Nulla ci è noto dei suoi primi anni di vita e dei suoi studi, e non conosciamo i particolari del suo incontro con Donizetti. Probabilmente era ancora studente quando nella primavera del 1834 venne incaricato di scrivere il libretto tratto dalla *Maria Stuarda* di Schiller, libretto che venne consegnato a Donizetti entro il 19 luglio. A quel tempo Bardari aveva soltanto diciassette anni, e non risulta che si fosse già occupato di teatro; non è da escludere che nella stesura librettistica venisse aiutato dal compositore, ma è anche vero che i versi della *Stuarda*, un po' pletorici, hanno una loro cifra stilistica che non è riscontrabile negli altri libretti sicuramente donizettiani. Del resto il compositore non rimase insoddisfatto del lavoro, tanto è vero che nel settembre dello stesso 1834, proponendo un librettista per la nuova opera che avrebbe dovuto inaugurare la stagione di Carnevale del Teatro alla Scala, indicava un soggetto su Giovanna I di Napoli da affidare allo stesso Bardari (Donizetti musicò invece la *Gemma di Vergy* del Bidera).

Nel frattempo Bardari aveva terminato gli studi di legge e aveva iniziato una brillante carriera di avvocato nella città natale. Nel 1840 divenne "Giudice di Circondario di Seconda Classe", per essere poi promosso alla "Prima Classe" e quindi, nel maggio 1848, "Giudice Istruttore" a Monteleone (oggi Vibo Valentia).

Gli eventi politici del '48 lo vedono partecipare ai locali Comitati di Salute Pubblica, e poco dopo, sospettato di essere un elemento sovversivo, deve trasferirsi a Napoli, dove, controllato dalla polizia, esercita l'attività di avvocato. Cerca più volte di essere reintegrato nella funzione di Giudice, e soltanto all'inizio del 1860 diventa Prefetto di Polizia a Napoli. Dura pochi mesi in questo incarico, perché Garibaldi entra a Napoli il 7 settembre di quello stesso anno e l'amministrazione borbonica decade; ma Bardari, che aveva avuto precedenti contatti con Garibaldi, non viene escluso dalla nuova amministrazione, e diventa Cancelliere della Corte dei Conti. Muore a Napoli il 22 settembre 1861.

Nella Biblioteca Nazionale di Napoli sono conservati due opuscoli a stampa di Bardari, un elogio funebre e riflessioni economico-legali sulla progettata ferrovia da Napoli a Brindisi.

L'opera

Il 27 febbraio 1834 Donizetti aveva curato la prima rappresentazione della *Rosmonda d'Inghilterra* alla Pergola di Firenze; e in questa città gli era giunta, da Parigi, una lettera di Rossini, che lo invitava a comporre un'opera per il Théâtre-Italien per l'inverno seguente. Immediatamente Donizetti rispose accettando, ma fece presente che avrebbe consegnato l'opera sul finire dell'inverno, perché aveva già un contratto che lo impegnava con la Scala per la Stagione di Carnevale. Negli stessi giorni scrisse anche a Ricordi, pregandolo che si desse da fare perché l'opera scaligera fosse destinata a inaugurare la Stagione; in questo modo avrebbe avuto più tempo per l'opera parigina.

Dopo qualche giorno, il compositore si avviò verso Roma, dove aveva lasciato la moglie Virginia, e con lei proseguì il viaggio per Napoli; qui, nel frattempo, era stato nominato maestro di contrappunto e composizione nel Reale Collegio di Musica, con la promessa verbale che alla morte di Zingarelli sarebbe diventato direttore di quella scuola.

Appena giunto a Napoli, Donizetti firmò un altro contratto per il Teatro San Carlo, impegnandosi a comporre un'opera per la serata di gala del 6 luglio.

Suo primo lavoro fu cercare un librettista per l'opera napoletana e per quella parigina, e la sua scelta cadde ancora su Felice Romani; ma questi aveva deciso di non collaborare più con Donizetti dopo la faticosa esperienza della *Lucrezia Borgia*, e inoltre, avendo accettato la direzione della "Gazzetta piemontese", stava per abbandonare del tutto l'attività librettistica. Per Napoli, dato che il tempo a disposizione era molto poco, Donizetti dovette accontentarsi di un esordiente, il diciassettenne Giuseppe Bardari, al quale affidò l'argomento della *Maria Stuarda* di Schiller, utilizzabile nella traduzione italiana di Andrea Maffei. Bardari lavorò alacremente, ma quando consegnò il libretto per l'autorizzazione della censura la data del 6 luglio era già passata da dodici giorni. La censura s'impegnò a una rapida risposta, che però dopo più di un mese non era ancora giunta. Così, alla fine di agosto, mentre intanto Donizetti aveva concluso la composizione dell'opera, cominciarono le prove. Il 4 settembre Bardari venne convocato dal censore Francesco Ruffa per alcune modifiche al libretto, che vennero prontamente realizzate e affidate al musicista per i necessari adattamenti della musica. Negli stessi giorni, nel corso delle prove, ebbe luogo un furibondo litigio fra le due prime donne, la Ronzi e la Del Sere. L'invettiva contro Elisabetta (parte II, scena IV) da parte di Maria fu talmente convincente, che la Del Sere (Elisabetta) si sentì personalmente insultata, e si difese a pugni e a morsi, facendo cadere la rivale; ma subito dopo la Ronzi passò al contrattacco, e aggredì con tale violenza la Del Sere da farle perdere i sensi.

Le prove proseguirono in mezzo ad altri incidenti, e si giunse infine alla prova generale, intorno alla fine di settembre. Lo scarso pubblico invitato accolse l'opera con molto entusiasmo, ma il giorno seguente il re Ferdinando II fece sapere che l'opera non sarebbe stata rappresentata, senza dare altra motivazione che non fosse la sua autorità assoluta. Bisogna dire che non era consueto vedere sulle scene italiane la condanna a morte di una regina, soprattutto se questa era la cattolica Maria Stuarda, venerata quasi come una santa; inoltre sia il re di Napoli che sua moglie Maria Cristina erano discendenti di Maria Stuarda.

Donizetti cercò immediatamente di sostituire *Maria Stuarda* con un'altra opera; pensò alla *Lucrezia Borgia*, ma la censura la vietò espressamente; analogo atteggiamento la censura tenne per la *Parisina*, malgrado fosse già stata rappresentata a Napoli nel luglio precedente. Non restava che utilizzare la musica della *Stuarda* con un altro libretto; e dopo avere scartato una *Giovanna Grey*, non gradita alla censura per la decapitazione di un personaggio di sangue reale, si scelse una vicenda ambientata nella Firenze duecentesca, al tempo delle lotte fra guelfi e ghibellini, *Buondelmonte*. L'ingrato lavoro librettistico venne affidato a Pietro Salatino, le prove iniziarono il 7 ottobre, e già il 18 la nuova opera poteva andare in scena. Donizetti, che già aveva ricevuto 1400 ducati come compenso per la *Stuarda*, ebbe un'aggiunta di 600 ducati.

Bisognava ora occuparsi dell'opera per la Scala (*Gemma di Vergy*, 26 dicembre) e di quella per Parigi (*Marin Faliero*, 12 marzo 1835), basate entrambe su libretti di Giovanni Emanuele Bidera. Poi, con una certa calma, Donizetti poté occuparsi della *Lucia di Lammermoor*, andata in scena al San Carlo il 26 settembre.

Il buon successo della *Gemma di Vergy* aveva fruttato una nuova scrittura per l'inaugurazione della Stagione di Carnevale alla Scala, e in un primo momento Donizetti pensò a un soggetto su Giovanna I di Napoli, da affidare a Bardari. Poi, soprattutto per desiderio della Malibran, che era entusiasta della parte della protagonista, venne scelta la *Maria Stuarda*; il rischio di un divieto della censura poteva essere superato con l'appoggio della famosa cantante. La censura, infatti, si limitò a chiedere un'attenuazione dell'invettiva a Elisabetta, che da "bastarda, meretrice, indegna, oscena" divenne semplicemente una "donna vile". L'opera doveva andare in scena il 26 dicembre, ma una malattia della Malibran la fece rimandare al 30, quando il celebre soprano poté finalmente cantare, anche se non del tutto in voce. Ci furono contrasti, ma soprattutto ci fu molta sorpresa da parte del pubblico, quando ci si rese conto che la Malibran non aveva nessuna intenzione di accogliere la versione attenuata dell'invettiva, ma preferiva scagliarsi contro Elisabetta usando le dure parole originali. E fu così che dopo la sesta replica la sfortunata *Maria Stuarda* venne definitivamente vietata. I primi di marzo del 1836 Donizetti, tornato a Napoli, così aggiornava degli ultimi eventi il librettista Bardari, che era tornato a Pizzo: "La *Stuarda* dopo 6 sere a Milano fu proibita, e nel momento il più felice, non volean *Bastarda*, non voleano il *toson d'oro al collo*, non voleano si inginocchiasse per la confessione a Talbot. La Malibran disse: non mi fido pensare a tante cose... dunque *proibita!*".

Maria Stuarda

Tragedia lirica in quattro parti

Versi di
Giuseppe Bardari

Musica di
Gaetano Donizetti

Personaggi[1]

Elisabetta, Regina d'Inghilterra	[Soprano]
Maria Stuarda, Regina di Scozia, prigioniera in Inghilterra	[Soprano]
Roberto, Conte di Leicester	[Tenore]
Giorgio Talbot (*), Conte di Shrewsbury	[Basso]
Lord Guglielmo Cecil, Gran-Tesoriere	[Baritono]
Anna Kennedy, nutrice di Maria	[Mezzosoprano]

Cori e comparse
Cavalieri, Dame d'onore, Famigliari di Maria.
Guardie Reali, Paggi, Cortigiani, Cacciatori.
Soldati di Forteringa.

1. I diciotto personaggi di Schiller sono stati ridotti a sei, senza varianti ai nomi. Fra i principali personaggi eliminati l'ambasciatore di Francia Conte di Albaspina e l'inviato straordinario di Francia Conte Bellièvre.

L'azione è nel palagio di Westminster e nel cortile di Fotheringay (*). Epoca 1587.

(*) *Per comodo del verso Talbot si pronuncia* Talbo, *e Fotheringay* Forteringa.[2]

---

2. L'italianizzazione di questi due nomi è già in Maffei.

Il riassunto del libretto

Parte I. Nel castello di Westminster Elisabetta, regina
d'Inghilterra, insieme alle Dame e ai Cavalieri della sua corte, è
festante perché il re di Francia le ha proposto il matrimonio; ella
però è incerta se accettare, tanto più che segretamente ama il
conte di Leicester. Ma c'è un altro motivo di preoccupazione, e
cioè la sorte di Maria Stuarda, che è prigioniera nel castello di
Fotheringhay ed è stata condannata a morte per cospirazione:
Elisabetta deve decidere se firmare la sentenza, o essere clemente.
Lord Cecil la consiglia di eliminare la pericolosa ex regina di
Scozia, mentre Talbot la invita alla magnanimità. Leicester, che
sopraggiunge, si mostra molto freddo nei confronti della regina, e
questo acuisce l'ansia di lei. In questa incertezza Elisabetta si
allontana, e, non vista, ode un colloquio fra Talbot e Leicester:
essi stanno tramando per liberare la prigioniera, e quando
Elisabetta si mostra, Leicester, confuso, è costretto a rivelarle la
verità, mostrandole una lettera in cui Maria chiede un colloquio
con Elisabetta. Ella acconsente, ma non tanto per
accondiscendere al desiderio di Maria, quanto per verificare i
sentimenti di Leicester nei confronti della prigioniera.

Parte II. Nel parco di Fotheringhay Maria passeggia fra gli alberi,
ripensando ai felici giorni in cui viveva in Francia; le guardie
stanno a una certa distanza da lei. Si avvicina Leicester, che
annuncia a Maria il prossimo arrivo di Elisabetta, e la invita a
essere sottomessa: con molta reticenza, Maria acconsente, ma
quando Elisabetta giunge la vede ostentare un atteggiamento
molto orgoglioso, e soprattutto la vede troppo bella e seducente,
troppo pericolosa per Leicester, che ne è evidentemente
innamorato. Così, quando finalmente Maria si prostra ai piedi
della regina, questa la respinge, provocando la violenta reazione
della prigioniera, che, senza alcun timore, la accusa di essere una
bastarda e una meretrice. Elisabetta la fa trascinare via dalle
guardie.

Parte III. Una galleria nel castello di Westminster. Elisabetta ha deciso di far morire Maria, però esita nel firmare la sentenza, malgrado le insistenze di Cecil. Ma quando vede Leicester, pone la sua firma al foglio fatale, e non cede alle suppliche insistenti del conte.

Parte IV. La prigione di Maria nel castello di Fotheringhay. Giunge Cecil, a informare la prigioniera che la regina ha firmato la condanna a morte. Con lei resta Talbot, che ne ascolta una lunga, accorata confessione; quindi escono dalla stanza e si avviano verso il luogo del supplizio. In una stanza attigua, i pochi seguaci di Maria stanno dolenti ad attendere il triste evento. Maria giunge, ed è lei a confortarli, dando loro alcuni dei suoi oggetti personali. Quando giunge Leicester, disperato, ormai è troppo tardi, e le guardie conducono Maria verso il supplizio.

Parte prima

Scena prima[3]

[*Sinfonia*]

Galleria nel palagio di Westminster.

[*Introduzione*]

Coro di *Cavalieri* e *Dame*.

Coro I[4]
Qui si attenda. Ella è vicina
   Dalle giostre a far ritorno.[5]
   De' Brettoni la Regina[6]
   È la gioia d'ogni cor.

Coro II
Quanto lieto fia tal giorno
   Se la stringe ad alto amor.[7]

                (*una voce di dentro annunzia la Regina*)[8]

Coro I
Sì, per noi sarà più bella
   D'Albion la pura stella,

---

3. Questa scena corrisponde all'inizio dell'atto II in Schiller. Come primo numero dell'opera Donizetti scrisse un Preludio, che per la prima esecuzione milanese venne sostituito da una Sinfonia.
4. Non c'è distinzione fra Coro I e Coro II.
5. Maffei: "Tornate, o conte, dalla giostra?".
6. Nel canto un più chiaro "La magnanima Regina". "Brettoni" potrebbe essere un refuso per "Britanni", un termine frequentemente usato da Maffei.
7. Nel canto questi due versi sono: "Quanto lieto fia quel giorno / Che la stringe ad alto amor".
8. Elisabetta entra in scena sul finire del Coro, e non vi è alcuna voce che l'annuncia.

Quando unita la vedremo
Della Francia allo splendor.[9]

Tutti
Festeggianti ammireremo
La possanza dell'amor.

9. Intorno al 1581 Elisabetta pensò di unirsi in matrimonio con il giovane Francesco duca d'Alençon, fratello del re di Francia Enrico III, ma le trattative s'interruppero per la pretesa di Elisabetta che il duca divenisse protestante.

Scena seconda

Elisabetta, Talbo, Cecil, Cortigiani, Paggi, ecc.

Elisabetta
Sì, vuol di Francia il Rege[10]
Col mio cor l'Anglo trono.
Incerta[11] ancor io sono
Di accoglier l'alto invito, ma se il bene
De' fidi miei Britanni
Fa che d'Imene all'ara io m'incammini,
Reggerà questa destra
Della Francia e dell'Anglia ambo i destini.
    (Ahi! quando all'ara scòrgemi
      Un casto amor del Cielo,
      Quando m'invita a prendere
      D'Imene il roseo velo,
      Un altro oggetto involami
      La cara libertà![12]
    E mentre vedo sorgere
      Fra noi fatal barriera,
      A nuovo amor[13] sorridere
      Quest'anima non sa.)

---

10. Come si è visto, non il re di Francia, ma il fratello del re.
11. Nel canto "dubbiosa".
12. Elisabetta fu lungamente legata al conte di Leicester, che non sposò, neanche quando questi restò vedovo. Nel canto, al posto del vago "altro oggetto", un più preciso "altro core".
13. Nel canto "Ad altro amor".

Talbot

    In tal giorno di contento
      Di Stuarda il sol lamento
      La Bretagna turberà?[14]

Coro I[15]

    Grazia, grazia alla Stuarda.

Coro II

      Grazia.

Coro III

        Grazia.

Tutti *(menu Cecil)*

          Grazia.

Elisabetta *(imponendo)*

          Olà.
    Di un dolce istante il giubilo[16]
      Turbato io non credea.
      Perché sforzarmi a piangere
      Sul capo della rea,
      Sul tristo suo destin?[17]

14. Dice nella tragedia l'ambasciatore di Francia: "Questo è giorno di gioia! Oh diffondesse / Il suo lieto splendor sopra ogni fronte, / Né sorgesse in Bretagna un sol lamento / Per attristarlo! Sul tuo volto io veggo / Sfavillar la clemenza! Oh, fa che piova / Un raggio della sua luce divina / Sul capo d'una misera, congiunta / Alla Francia non men che all'Inghilterra!". Maria Stuarda era infatti vedova, dal 1560, di Francesco II re di Francia.
15. In partitura è indicato un unico Coro.
16. Nel canto "Di questo giorno il giubilo".
17. Nel 1568, dopo l'abdicazione al trono di Scozia, Maria Stuarda si rifugiò presso la cugina Elisabetta Tudor; dopo varie vicende, venne processata e condannata a morte l'11 ottobre 1586, ma per vari mesi Elisabetta procrastinò l'esecuzione.

Cecil[18]

 Ah! dona alla scure quel capo che desta
 Fatali timori, discordia funesta,
 Finanche fra' ceppi, col foco d'amor.[19]

Elisabetta

 Tacete: non posso risolvere ancor.[20]
 Ah! dal Ciel discenda un raggio
 Che rischiari 'l mio intelletto:
 Forse allora in questo petto
 La clemenza parlerà.
 Ma se l'empia mi ha rapita
 Una[21] speme al cor gradita,[22]
 Giorno atroce di vendetta
 Tardo a sorger non sarà.

Cecil

 Ti rammenta, Elisabetta,
 Ch'è dannosa ogni pietà.[23]

---

18. Lord Cecil, barone di Burleigh, fu Cancelliere di Elisabetta dal 1558 al 1588, e il suo più fido consigliere.
19. Durante il canto di Cecil il Coro interviene: "Grazia". Durante i diciannove anni che Maria Stuarda trascorse in Inghilterra, non rinunciò mai all'idea di riavere il trono di Scozia e d'Inghilterra. In quanto al "foco d'amor" è un'allusione ai tre mariti di Maria, Francesco II di Francia, lord Henry Darnley, capo dei cattolici scozzesi, e James Hepburn conte di Bothwell, che sposò Maria nel 1567 dopo averne fatto assassinare il secondo marito.
20. Nel canto "risolvermi ancor".
21. Nel canto "Ogni".
22. Questo è un riferimento al conte di Leicester, amato da Elisabetta, e che nella finzione operistica ama a sua volta Maria. In realtà fu proprio Elisabetta a progettare un matrimonio fra Maria e Leicester, che non ebbe luogo soprattutto perché Roberto Dudley aspirava alla mano di Elisabetta.
23. L'intervento di Talbot e del Coro precede l'intervento di Cecil. Come sempre, il Coro non è diviso.

Talbot, Coro II
Il bel cor d'Elisabetta
Segua i moti di pietà.

[*Recitativo dopo l'Introduzione*]

Elisabetta
Fra voi perché non veggio
Leicester? Egli sol[24] resta lontano
Dalla gioia comune?

Cecil
Eccolo.

24. Nel canto "solo".

Scena terza

Leicester, che bacia la mano ad Elisabetta, *e detti.*

Elisabetta

Oh,[25] Conte!

Or io di te chiedea.

Leicester

Deh! mi perdona
Se a' tuoi cenni indugiai! Che imponi?
(Elisabetta si toglie un anello, lo contempla, e lo consegna a Leicester)[26]

Elisabetta

Prendi:

Reca l'anello mio
Di Francia all'Inviato; al Prence suo
Rieda pur messaggier che già d'Imene[27]
L'invito accetto. (E non si cangia in viso!)
Ma che il serto ch'ei m'offre
Ricusare ancor posso;
Che libera son io.
Prendilo. (Ingrato!)

---

25. "Oh" non è musicato.
26. Nella tragedia Elisabetta "si trae dal dito un anello, e lo contempla pensierosa"; ma non lo consegna a Leicester, bensì all'Inviato di Francia, con queste parole : "L'anello ordisce gl'imenei; d'anella / La catena s'intreccia... Al franco duca / Questo dono recate: ancor non forma / Una catena, non mi stringe ancora, / Ma porria tramutarsi in tal legame / Che per sempre m'annodi".
27. Nel canto "Rieda messaggio a dir che già d'Imene".

Leicester *(con indifferenza)*

Or[28] ti obbedisco...

Elisabetta *(a Leicester)*

Addio.[29]

(parte seguita dalle Dame, da' Grandi, da Lord Cecil; Talbot va per seguirla, Leicester lo prende per la mano, e seco lui si avanza sulla scena.)

---

28. "Or" non è musicato.
29. Sulla partitura è aggiunto "gli dà la mano da baciare".

Scena quarta

Leicester, e *Talbot.*

[Recitativo e Duetto]

Leicester
Hai nelle giostre, o Talbo,
Chiesto di me?

Talbot
                    Io sì.

Leicester
                              Che brami dunque?[30]

Talbot
Favellarti. Ti sia
Tremenda e cara ogni parola mia.
In Forteringa io fui...[31]

Leicester
                    Che ascolto!

Talbot
                                        Vidi
L'infelice Stuarda...

Leicester
                    Ah! più sommesso
Favella in queste mura.[32] E qual ti parve?

---

30. Sulla partitura una didascalia precisa a questo punto che "Elisabetta rivolge lo sguardo e vede Leicester e Talbot a colloquio".
31. Fotheringhay è un castello della Contea di Northampton, centotrenta chilometri a nord-ovest di Londra, dove venne racchiusa Maria Stuarda dopo la condanna.
32. Nella tragedia dice Leicester: "Oh più sommesso parlate...".

Talbot
Un angelo d'amor, bella qual era,
E magnanima sempre...

Leicester
Ah![33] troppo indegna
Di rio destino! E a te che disse? Ah! parla...

Talbot
Posso in pria ben securo
Affidarmi al tuo cor?

Leicester *(cavandosi dal seno un foglio ed un ritratto.)*
Parla: te 'l giuro.

Talbot
Questa immago, questo foglio
Or per me Maria t'invia:[34]
Di sua mano io gli ebbi, e pria
Del suo pianto li bagnò.

Leicester
Oh piacer!...

Talbot
Con quale affetto
Il tuo nome pronunziò!...[35]

33. Nel canto "Oh!".
34. Nel canto "La Stuarda a te l'invia". Nella tragedia dice Mortimer a Leicester:
"Maria questo foglio vi manda".
35. Una didascalia precisa che Talbot "gli dà il foglio ed il ritratto".

Leicester

    Ah! rimiro il bel sembiante[36]
       Adorato – vagheggiato...
       Ei mi appare sfavillante
       Come il dì che mi piagò.
    Parmi ancor[37] che su quel viso
       Spunti languido un sorriso,
       Ch'altra volta a me sì caro
       La mia sorte incatenò.

Talbot

       Al tramonto è la sua vita,
       Ed aita a te cercò...

Leicester

       Oh memorie! oh cara immago!
       Di morir per lei son pago.[38]

Talbot

       Or che pensì?[39]

Leicester

           Liberarla,
      O con lei pur io morrò...[40]

Talbot

       Di Babìngton il periglio
       Non ancor ti spaventò?[41]

---

36. Dice Leicester nella tragedia: "Che vegg'io?... la propria effigie!...".
37. Nel canto "ancora".
38. Nel canto "Di morir per te son pago".
39. Nel canto "Che risolvi?".
40. Nel canto "O con lei spirar saprò...".
41. Anthony Babington fu un paggio di Maria Stuarda; nel 1586 ordì insieme a John Ballard una congiura per assassinare Elisabetta e liberare Maria, ma venne scoperto e condannato a morte. Talbot mette in guardia Leicester su questo tragico, precedente tentativo di liberare Maria. Vedi anche nota 20 della Parte Quarta.

Leicester

Ogni tema, ogni periglio
Io per lei sfidar saprò.[42]
Se fida tanto
Colei mi amò,
Dagli occhi il pianto
Le tergerò.
E se pur vittima[43]
Restar degg'io,[44]
Del fato mio
Superbo andrò.

Talbot

Se fida tanto
Colei ti amò,
Se largo pianto
Finor versò,
Di un'altra vittima
Non far che gema,
Se all'ora estrema
Sfuggir non può.

(Talbot parte. Leicester s'avvia dalla parte opposta, e s'incontra nella Regina. Si scorgono nel di lui volto segni di agitazione e confusione.)

---

42. Prima dell'inizio della cabaletta "Se fida tanto", Leicester canta ancora "Vuò liberarla, vuò liberarla".
43. Nel canto "E se mai vittima".
44. Nel canto "Cader degg'io".

Scena quinta[45]

Elisabetta, e Leicester.

[*Scena e Duetto*]

Elisabetta
Sei tu confuso?[46]

Leicester
       Io no... (che incontro!)

Elisabetta
                  Talbo
Teco un colloquio tenne?

Leicester
È ver. (Che fia?)

Elisabetta
       Sospetto ei mi divenne.
Tutti colei seduce! Ah! forse, o Conte,
Messaggier di Stuarda ei ti giungea?[47]

Leicester
Vani sospetti![48] Ormai di Talbo è nota
La fedeltà.

---

45. Questa scena corrisponde alla scena IX dell'atto II della tragedia.
46. Nella tragedia: "Che fu? perché vi trovo / Sbigottito così?".
47. Nel canto una dizione più lineare: "Messaggio di Stuarda a te giungea?".
48. Nel canto "Sospetti invano!".

Elisabetta
Pure il tuo cor conosce.[49]
Svelami 'l ver: l'impongo.

Leicester
(Oh Ciel!) Regina!...

Elisabetta
Ancor me 'l celi? Intendo.
(vuol partire. È fortemente agitata.)

Leicester
Ah non partir!... m'ascolta... deh! ti arresta!...
Un foglio...

Elisabetta *(severa rivolgendosi)*
Il foglio a me.

Leicester
(Sorte funesta!)
Eccolo;[50] al regio piede *(prostrandosi)*
Io lo depongo. Ella per me ti chiede
Di un colloquio il favor.

Elisabetta
Sorgete, o Conte.
Troppo fate per lei... crede l'altèra
Di sedurmi così: ma invan lo spera.
(apre il foglio, legge rapidamente, e si commuove.)
Quali sensi!

Leicester
(Ella è commossa.)

49. La Regina "ironica".
50. Leicester "porge il foglio".

Elisabetta

Ch'io discenda alla prigione!

Leicester

Sì, Regina...[51]

Elisabetta *(con riso beffardo)*

Ov'è la possa
Di chi ambìa le tre Corone?[52]

Leicester

Come lampo in notte bruna,
Abbagliò... fuggì... sparì!...

Elisabetta

Al ruotar della fortuna
Tant'orgoglio impallidì.

Leicester

Ah pietà![53] per lei l'implora
Il mio cor...

Elisabetta *(con riso beffardo)*

Ch'ella possiede,
Non è ver?

Leicester

(Quel dir mi accora.)

Elisabetta

Nella Corte ognuno il crede.

Leicester

E s'inganna...

51. Nel canto "Ah, Regina...".
52. Maria Stuarda fu moglie del re di Francia Francesco II, fu regina di Scozia, e sempre ambì al trono d'Inghilterra.
53. Nel canto "Ah pietade!".

Elisabetta

(Mentitore.)

Leicester

Sol pietade a lei mi unì.

Elisabetta

(Egli l'ama... oh mio furore!)[54]
È leggiadra? parla.

Leicester

Ah, sì...[55]
Era d'amor l'immagine,
Degli anni sull'aurora:
Sembianza avea di un Angelo
Che appare, ed innamora:
Era celeste l'anima,
Soave il suo respir.
Bella ne' dì del giubilo,
Bella nel suo martir.

Elisabetta

A te lo credo. È un Angelo
Se tu le dai tal vanto:
Se allo squallor[56] di un carcere
È d'ogni cor l'incanto...
Lo so che alletta ogni anima,
Lusinga ogni desir...[57]
(Se tu l'adori, o perfido,
Paventa il mio soffrir.)

54. Nel canto "oh mio furor!"; poi la Regina prosegue "ricomponendosi".
55. Nel canto soltanto "Sì!..."; al che la Regina, "colpita", incalza "Sì? sì? sì?": quindi Leicester, mentre "ella lo guarda minacciosa", dice "Sì!..." "abbassando gli occhi".
56. Nel canto "squallore".
57. A questo punto, prima che la Regina attacchi il suo "a parte", Leicester interviene con alcune parole spezzate: "ma... no... Regina, credo, io...". Quindi entrambi cantano gli ultimi due versi della rispettiva strofa.

Leicester
Vieni.

Elisabetta
(Lo chiede il barbaro.)

Leicester
Appaga il mio desir.

Elisabetta
Dove? quando?

Leicester
In questo giorno
Al suo carcere d'intorno
Per la caccia che si appresta
Scenderai nella foresta...[58]

Elisabetta
Conte, il vuoi?

Leicester
Te 'n prego.

Elisabetta
Intendo...
(Alma incauta.) A te mi arrendo.[59]

Leicester[60]
Ah, sol tu, sol tu potrai
La gemente consolar.

---

58. Tragedia: "Oggi trascorre, / Per la via che conduce a Forteringa, / La tua caccia regale. Il parco s'apre, / La Stuarda vi scende, e tu vi giugni / Come a caso imprevisto".
59. Tragedia: "Oggi non posso / Nulla, o conte, negarvi".
60. Questo intervento di Leicester, e i primi due versi della Regina non sono musicati. Dopo "A te mi arrendo", Elisabetta attacca subito il finale del duetto "Sul crin la rivale...".

Elisabetta

Te 'l concedo (ma vedrai
Se saprommi vendicar.
Sul crin la rivale
La man mi stendea,
Il serto reale
Strapparmi credea;[61]
Ma, vinta l'altèra,
Divenne più fiera:
Di un core diletto
Privarmi tentò.
Ah! troppo mi offende,
Punirla saprò).

Leicester

Deh![62] vieni, o Regina,
Ti mostra clemente,
Vedrai la divina
Beltade dolente:[63]
Sorella le sei...[64]
Pietade per lei,
Ché l'odio nel petto
Assai ti parlò.
La calma le rendi,
E pago sarò.

(partono.)

---

61. Nel canto un più incisivo "volea".
62. Nel canto "Ah!".
63. Nel canto "Beltade innocente".
64. In realtà non sorella, ma lontana cugina. Maria Stuarda (1542-1587) era figlia di Giacomo V, a sua volta figlio di Margherita Tudor, sorella di Enrico VIII, che era il padre di Elisabetta (1533-1603).

Parte seconda

Scena prima

Parco di Forteringa.
Ambi i lati sono folti di alberi: il mezzo si apre in una vasta veduta,
che confina col mare.[1]

[*Scena e Cavatina*]

Maria esce correndo dal bosco. Anna la segue più lenta; le Guardie sono a vista
degli spettatori.

Anna
Allenta il piè, Regina.[2]

Maria
     E che, non ami
Che ad insolita gioia il seno io schiuda?
Non vedi? carcer mio[3]
È il Cielo aperto... io lo vagheggio... oh, cara
La voluttà che mi circonda![4]

Anna
       Il duolo
Sai che ti attende in queste mura?[5]

---

1. La didascalia di Schiller dice semplicemente: "Un parco. Alberi in primo piano,
sullo sfondo un'ampia veduta". La presenza del mare – che peraltro è lontanissimo da
Fotheringhay – è un'aggiunta poetica di Maffei, la cui didascalia è stata riportata
letteralmente sul libretto: "Una parte del parco. Ambo i lati sono folti di alberi: il
mezzo s'apre in una vasta veduta che confina col mare".
2. Nella tragedia: "Io non ho lena / Di seguitarvi; rallentate il passo!".
3. Nel canto "il carcer mio".
4. Nella tragedia: "Oh ch'io disseti l'affannata lena / Nell'aperta del cielo aria
serena!".
5. Nel canto "in quelle mura": dizione esatta, dato che il castello non si vede.

Maria[6]

Oh piante,

Amiche piante! le coprite voi
Al timido pensiero... Oh! quale incanto
L'Universo ha per me!... libera parmi
Spaziare nel Cielo,
Come l'aura che spira, e riposarmi
Nel dolce nido de' miei teneri anni.
Guarda: su' prati appare
Odorosetta e bella
La famiglia de' fiori... a me sorride,
E il zeffiro, che torna
Da' bei lidi di Francia,[7]
Ch'io gioisca mi dice
Come alla prima gioventù felice.[8]
    Oh nube! che lieve per l'aria ti aggiri,
        Tu reca il mio affetto, tu reca i sospiri
        Al suolo beato che un dì mi nudrì.[9]
    Deh! scendi cortese, mi accogli su i vanni,
        Mi rendi alla Francia,[10] m'invola agli affanni.
        Ma cruda la nube pur essa fuggì
        Al suolo beato che un dì mi nudrì.

(suoni di caccia lontani.)

6. I primi otto versi di Maria (fino a "teneri anni") non sono musicati. I versi tagliati s'ispirano direttamente alla tragedia: "O verdi amiche piante, io vi ringrazio!".
7. Lo zefiro è un vento mite primaverile che soffia da ponente, e quindi non può venire dalla Francia. Ma qui "zeffiro" è usato per sineddoche come vento primaverile.
8. A soli sei anni, Maria venne mandata in Francia, per sottrarla al fidanzamento con Edoardo d'Inghilterra voluto da Enrico VIII, ed educata alla corte di Enrico II. In Francia Maria sposò (aprile 1558) il delfino Francesco, che divenne re alla fine del 1559 e morì il 5 dicembre 1560. Maria tornò in Inghilterra nell'agosto 1561.
9. Nella tragedia: "E quelle nubi, che il meriggio attira, / Cercan l'ocean che Francia bagna... / O nugolette rapide e leggiere / Peregrine dell'aria! Oh, potess'io / Con voi venirne per lo cielo a volo! / Salutate cortesi in nome mio / Quel benedetto suolo / Della mia prima gioventù felice!".
10. Nel canto "Mi rendi a quel suolo".

Coro *(di dentro)*

> Al bosco, alla caccia. – Il cervo si affaccia
>> Dal colle muscoso, – poi va baldanzoso[11]
>> Del rivo alle sponde: – si specchia nell'onde.
> Correte veloci – quel cervo a ferir.

Maria

> Qual suono![12] quai voci, a' dolci pensieri
>> Chi mai mi richiama degli anni primieri?
>> Di Scozia su' monti guidavami allora
>> Destriero fuggente le belve a seguir.[13]
> Immagini care! presenti l'ho ancora.
>> Ah! sono felice nel bel sovvenir.

Anna

> Parmi il segno[14] di caccia reale!
>> Si avvicinano i suoni... i destrieri...

Coro *(di dentro)*

> La Regina.

Maria

> Qual nome fatale!

Anna

> Chi ti opprime nel parco se 'n va.[15]

---

11. Nel canto "poi fugge scherzoso".
12. Maria canta soltanto "Qual suono!", mentre ancora perdura il precedente Coro e Anna già intona i due versi seguenti. Quindi il Coro intona "La Regina", e Maria risponde "Qual nome fatale!!!". Vengono quindi eliminati i sei versi di Maria, da "Quai voci..." a "... bel sovvenir".
13. Nella tragedia: "Odi un clangor di corno? [...] / Oh, ché non premo un corridore ardente, / Né mi faccio de' lieti una compagna! / Cresce il fragor. Voce a me nota e cara, / Piena di dolce rimembranza amara! / Quante volte il tuo suono in cor mi scese / Quando per la boscosa, alpina traccia / Del mio natal paese / Impetuosa trascorrea la caccia!".
14. Nel canto "Parmi il suono".
15. Nel canto "La tiranna pel parco se 'n va". Nella tragedia: "La regina è nel parco".

Maria

 Nella pace del mesto riposo
  Vuol colpirmi di nuovo spavento.
  Io la chiesi... e vederla non oso:
  Tal coraggio nell'alma non sento...
  Resti, ah! resti sul trono adorata.
  Il suo sguardo da me sia lontano.
  Troppo, ah! troppo, son io disprezzata:
  Tace in tutti per me la pietà.

Anna

 Ella giunge.

Maria

    Fuggiamo, fuggiamo:
 Contenersi il mio core non sa.[16]

       (Anna si allontana.)

---

16. Nel canto "Sostenersi"; poi Anna aggiunge: "Sostenersi il suo core non sa".

Scena seconda[17]

Leicester, e Maria.

[*Recitativo dopo la Cavatina*]

Maria
No, non m'inganno! oh Cielo!
Leicester tu?[18]

Leicester
        Qui viene
Chi t'adora a spezzar le tue catene.

Maria
Libera alfin sarò? Dal carcere mio
Libera? E a te il dovrò? Lo crede appena
L'agitato mio cor.[19]

Leicester
          Qui volge il piede
Elisabetta; al suo real decoro
Di pretesto è la caccia.
Tu la vedrai... Ove ti mostri a lei
Inchinevol, sommessa...

---

17. Questa scena corrisponde alla scena terza dell'atto III della tragedia, che però si svolge fra Maria e Talbot.
18. Nel canto: "No, non m'inganno! oh gioia! Leicester sei tu?". In una successiva versione si legge invece: "Ah! non m'inganna la gioia?... Leicester, sei tu, sei tu?".
19. Nel canto "E tua per sempre?", invece di "E a te il dovrò?". Inoltre, invece di "Lo crede", nel canto è "Ah, il crede".

Maria

Io no.

Leicester

Lo dei.[20]

[*Duetto*][21]

Maria

Ah no! giammai discendere
A tal viltà potrei.

Leicester

Se m'ami... ah! tu lo dei.

Maria

Lo deggio?

Leicester

Il vuole amor.

20. In una successiva versione le ultime parole del recitativo sono abbreviate:
    Leicester
    Di pretesto è la caccia. Ove ti mostri a lei sommessa...
    Maria
    A lei sommessa!...
    Leicester
    Oggi lo dei....
21. Il duetto che segue è quello, molto ampio, della versione originale, che si trova stampato sul libretto della prima esecuzione scaligera. Esiste però un'altra versione del duetto, la cui musica venne in un primo tempo scritta per il *Buondelmonte*, e poi successivamente utilizzata in alcune riprese della *Maria Stuarda*. Eccone il testo:
    Maria
    Oh, ciel, che ascolto? ah! toglimi
    A vista sì funesta. *(vuol ritirarsi)*
    Leicester
    Se m'ami, deh! t'arresta.
    Maria
    E deggio?
    Leicester
    E dei sperar.

Maria
Da tutti abbandonata,
  In preda a rio dolore,
  Oppressa, desolata,
  Qual mai speranza ha il core?
Fui condannata al pianto
  E a sempre sospirar.
  L'affetto tuo soltanto
  Può i mali miei calmar.
Leicester
No, diffidar non dei;
  Ell'è più grande in soglio:
  Restava il cor di lei
  Commosso dal tuo foglio.
E su quel ciglio io vidi
  La lagrima spuntar.
  Se m'odi e in me t'affidi
  Tutto vedrai cangiar.
Maria (con sarcasmo)
Del suo cor convinta io sono!
Leicester
Pur pietà vi alberga spesso.
Maria
Non per chi le adombra il trono!
Leicester
No, tu dici? e allora io stesso
S'ella è sorda ai prieghi tuoi,
Io vendetta ne farò.
Maria
Che favelli? Che far puoi?
  Per me esporti? Ah, ch'io no 'l vo.
Se il mio cor tremò giammai
  Della morte al fiero aspetto,
  Non far sì che sia costretto
  A tremar pe' tuoi dì.
Solo io volli, e sol cercai,
  Di vederti e fido e grato;
  Per te spero che il mio stato
  Non sia misero così.
Leicester
Sì: la fè, l'onor ne impegno;
  E il mio cor che t'ama giura.
  Sorgerai dalla sventura
  Che ogni gloria ti rapì.
E se allor non ti offro un regno,
  Né la destra di un sovrano,
  Potrò offrirti almen la mano,
  Che le tue prigioni aprì.

Maria

Ben io comprendo a quale[22]
  Me trascinar vorresti;
  Ad una mia rivale
  Tal onta promettesti;
  Ma vil non ti credea
  Verso chi geme e muor.
Non io, non io son rea,
  Regina io sono ancor.

Leicester

Ah! più di pria t'adoro...
  È immenso l'amor mio:
  Sei sola il mio tesoro,
  Non infedel son io,
  Non curo il Mondo intero...
  Sol bramo il tuo bel cor.
Tu sei pel mio pensiero
  L'immagine d'amor.

Maria

Non v'ha reo che ti assomigli!

Leicester

Credi, credi, io te sol amo.

Maria

E l'obbrobrio mi consigli?

Leicester

Te felice e salva io bramo;
E se alfine a me ti pieghi,
Vivrem lieti in sen d'amor.

22. Sottinteso "viltà": lo dice Maria all'inizio del duetto.

Maria

       Perché espormi a tal rossor?
Non è in me vigor cotanto
       Per piegarmi innanzi all'empia:
       Mai non fia che il voto adempia,
       Onde vago è il tuo pensier.
Ma se priva d'ogni orgoglio
       Supplicassi alfin colei,
       Sol per te, per te il farei,
       Per piegarmi al tuo voler.

Leicester

       Ah! m'opprime quel vederti
       Tanto incerta e sì tremante:
       Non temer, quest'alma amante
       Vive sol nel tuo pensier.
Senza fasto e senza orgoglio
       Qui verrà chi ti fè oppressa:
       Fia la grazia a te concessa,
       Se tu cedi al mio voler.

(Maria parte. Leicester va frettolosamente all'incontro d'Elisabetta.)

Scena terza[23]

Elisabetta, Leicester, Cecil, Cavalieri, Cacciatori, ecc.

[*Finale primo*][24]

Elisabetta *(a Leicester)*
Che loco[25] è questo?

Leicester

Forteringa.

Elisabetta

Oh Conte!

Ove mi scorgi?[26]

Leicester

Non dubbiar: Maria
Sarà in breve guidata al tuo cospetto
Dal saggio Talbo.

---

23. Questa scena è esemplata sulla scena quarta dell'atto III della tragedia. Le prime due battute di questa sono identiche alle prime due del libretto: "Che loco è questo? – Forteringa".
24. Anche se l'opera è esplicitamente divisa in quattro parti, la presenza, del resto tradizionale, di due concertati alla fine della seconda e della quarta parte, suggerisce la possibilità di suddividere l'opera in due atti di ampie dimensioni. Ma a volte si preferisce una suddivisione in tre atti, riunendo in un unico atto finale la terza e la quarta parte.
25. Nel canto "Qual loco", che ha una migliore articolazione.
26. Scorgere, nel significato di guidare, accompagnare, è un uso corretto anche se desueto.

Elisabetta

        A qual per te discendo
Sacrifizio! lo vedi...
Discosta i cacciatori
Da' contigui viali: è troppo ingombro
Di popoli il sentier.[27]

(ad un cenno di Leicester si scostano i Cacciatori.)

Cecil *(piano ad Elisabetta)*
            .Vedi, Regina,
Come l'Anglia ti adora. Ah! tu lo sai
Qual capo ella ti chiede.

Elisabetta *(a Cecil)*
Taci.

Leicester *(piano ad Elisabetta)*
    Deh! ti rammenta
Che a dar conforto alla dolente vita
Di una sorella io ti guidai... la mano
Che di squallor la cinse
Al contento primier può ridonarla.

Elisabetta
(Io l'abborro!... Ei non fa che rammentarla.)

---

27. Nella tragedia: "A Londra / Rinviate la caccia. È troppo ingombro / Di popolo il cammino". Da questa osservazione la Regina trae la conseguenza che "i miei Britanni / M'amano troppo", osservazione che nel libretto è affidata a Cecil.

Scena quarta

Maria condotta da *Talbot, Anna*, e detti.

Talbot *(di dentro)*
Vieni.

Maria
    Deh! lascia... al mio
Asil mi riconduci.

Tutti
                Eccola.

Maria *(ad Anna)*
              Oh Dio!
(breve silenzio. Gli attori restano gli uni dirimpetto agli altri.)

Elisabetta
        (È sempre la stessa:
           Superba, orgogliosa,[28]
           Coll'alma fastosa
           M'inspira furor...
       Ma tace: sta oppressa
           Da giusto terror.)

---

28. Dice Elisabetta nella tragedia: "Io qui non veggo / Ch'una superba tuttavia mal doma / Dalla sventura".

Leicester[29]

    (La misera ha impressi
       In volto gli affanni,
       Né gli astri tiranni
       Si placano ancor.
    Salvarla potessi
       Da tanto dolor.)

Cecil

    (Vendetta repressa
       Scoppiare già sento,
       Né in tale cimento[30]
       Mi palpita il cor.
    Fia vittima oppressa
       Di eterno dolor.)

Maria

    (Sul viso sta impressa
       Di quella spietata[31]
       La rabbia sfrenata,
       L'ingiusto livor.
    Quest'anima è oppressa
       Da crudo timor).

Talbot

    (Almeno tacesse
       Nel seno reale
       Quell'ira fatale,
       Quel cieco livor,[32]
    Che barbaro oppresse
       Un giglio d'amor).

29. Dopo Elisabetta, le successive entrate nel concertato si svolgono nel seguente ordine: Maria, Talbot, e insieme Anna, Leicester e Cecil.
30. Nel canto "Nel fiero cimento".
31. Nel canto "Di quella tiranna".
32. Nel canto "Quel cieco furor".

Anna
> (Nell'anima ho impressa
> La tema funesta:
> Oh quale si appresta
> Cimento a quel cor!
> Ciel! salva l'oppressa
> Da nuovo rancor).[33]

Leicester *(ad Elisabetta)*
Deh! l'accogli.

Elisabetta *(a Leicester)*
> Sfuggirla vorrei.

Talbot *(a Maria)*
Non sottrarti.

Maria *(a Talbot)*
> L'abisso ho vicino.

Elisabetta *(a Leicester)*
Troppo altèra.

Leicester *(ad Elisabetta)*
> Da un crudo destino
Avvilita dinanzi ti sta.
(Maria va ad inginocchiarsi ai piedi di Elisabetta.)

---

33. Nel canto "Ciel! togli l'oppressa / Da tanto dolor".

Maria

> Morta al mondo, ah! morta al trono,
> Al tuo piè son io prostrata.
> Solo imploro il tuo perdono:
> Non mostrarti inesorata.
> Ah sorella! omai ti basti
> Quanto oltraggio a me recasti!
> Deh! solleva un'infelice
> Che riposa nel tuo cor.

Elisabetta

> No, quel loco a te si addice:
> Nella polve e nel rossor.[34]

Leicester, Anna, Talbot

> Il suo fato sia sicuro:
> Mi commove il suo rancor.[35]

Cecil *(piano ad Elisabetta)*

> Non dar fè, te ne scongiuro,
> A quel labbro mentitor.

Maria

> (Sofferenza.)[36] A me sì fiera
> Chi ti rende?

Elisabetta

> Chi? tu stessa:
> L'alma tua, quell'alma altèra,
> Vile, iniqua...

---

34. Nella tragedia: "Quello, o Stuarda, è il loco vostro, e levo / Riconoscente al mio Signor le palme, / Ché non volle inchinarmi a' piedi vostri / Com'ora nella polve a' miei v'inchina".
35. Questi due versi non sono musicati.
36. Nella tragedia: "O Dio, m'ispira sofferenza!".

Maria

(E il soffrirò?)

Elisabetta

Va... lo chiedi, o sciagurata,
Ai rimorsi tuoi funesti,[37]
Ed all'ombra invendicata
Del marito che perdesti;[38]
Al tuo braccio... all'empio core,
Che tra' vezzi dell'amore
Sol delitti e tradimenti,
Solo insidie macchinò.

Maria *(a Leicester, fremendo)*
Ah Roberto!

Leicester *(a Maria)*

Oh Dio! che tenti?

Maria *(a Leicester)*
Più resistere non so...[39]

Leicester *(a Maria)*
Chiama in sen la tua costanza:
Qualche speme ancor ti avanza.
Non ti costi onore e vita
Una grazia a te impartita,
Un favor che al nostro affetto
Tante volte il Ciel negò.

37. Nell'autografo "Al tuo talamo tradito".
38. Nel canto "Di quel misero marito"; Elisabetta allude ovviamente a Henry Durnley, secondo marito di Maria, che venne assassinato, forse con la complicità della stessa Maria.
39. Qui è inserita una breve frase di Cecil, che manca nel libretto (e potrebbe essere un refuso): "Poca fè, te ne scongiuro, / A quel labbro mentitor".

Elisabetta

    Quali accenti al mio cospetto!
    Parla, o Conte.[40]

Leicester

                (E che dirò?)

Elisabetta *(a Leicester)*

    Ov'è mai di amor l'incanto,
    E quel volto amabil tanto?
    Se a lodarlo ognun si accese
    A' favori un premio rese;
    Ma sul capo di Stuarda
    Onta eterna ripiombò.

Maria *(interrompendo ad Elisabetta)*

    Quale insulto! Oh ria beffarda!

Talbot, Leicester, Anna

    Che favelli! Taci.[41]

---

40. Nel canto "Tu, Roberto?".
41. Sul finire della precedente strofa di Elisabetta, gli interventi degli altri, nel canto, non corrispondono al libretto, riprendendo frammenti di frasi precedenti. *Maria*: "Ah! che sento! Più resistere non so!". *Leicester*: "Oh Dio ti frena... Che favelli? Taci, taci!". *Anna e Talbot*: "Che favelli? Taci, taci!". *Cecil*: "Trema, trema!".

Maria

No.
Di Bolena oscura figlia[42]
Parli tu di disonore?
E chi mai ti rassomiglia?
In te cada il mio rossore.
Profanato è il soglio Inglese,
Donna vile, dal tuo piè.
Ma quel vel che ti difese
Fia rimosso un dì per me.[43]

Tutti *(fuori d'Elisabetta e Maria)*
Quali accenti! Ella delira,

---

42. L'invettiva di Maria che si legge sul libretto scaligero attenua, per volontà della censura milanese, il più violento ed esplicito originale:
> Figlia impura di Bolena,
> Parli tu di disonore?
> Meritrice indegna, oscena,
> In te cada il mio rossore.
> Profanato è il soglio inglese,
> Vil bastarda, dal tuo piè.

Sia la versione originale che quella attenuata – forse dovuta a Calisto Bassi – derivano dalla tragedia, dove c'è esplicito riferimento alla madre di Elisabetta, Anna Bolena.
> ... Te sciagurata
> Se cade un giorno l'onorato manto
> Di cui sapesti, ipocrita maligna,
> Celar la tresca de' tuoi sozzi amori!
> Figlia d'Anna Bolena, ereditata
> L'onestà tu non hai. Note già sono
> Quelle caste virtù che alla mannaia
> L'adultera tua madre hanno tradotta.
> [...]
> Il trono d'Inghilterra è profanato
> D'una bastarda!

Elisabetta, quando la madre Anna Bolena venne decapitata per adulterio, fu considerata dal padre Enrico VIII una figlia bastarda.
43. Questi due ultimi versi non sono musicati.

Elisabetta

  Guardie! olà.

  (Cecil si scosta un momento, dopo ritorna accompagnato
  dalle guardie, che circondano Maria.)

Tutti *(fuori d'Elisabetta e Maria)*

    Perduta ell'è.[44]

Elisabetta

  Va, prepàrati fremente[45]
  A soffrir l'estremo fato:
  Sul tuo sangue[46] abbominato
  La vergogna io spargerò.
 Nella scure che ti aspetta
  Troverai la mia vendetta.[47]
  Trascinate la furente... *(alle guardie)*
  Che se stessa condannò.

Cecil

  Sull'audace il Ciel possente
  La vendetta ormai segnò.[48]
  (Elisabetta parte velocemente: Cecil la segue.)[49]

---

44. Questo, e i due precedenti rapidi interventi dopo l'invettiva di Maria, nel canto sono modificati. Dopo il primo verso di Maria "Di Bolena oscura figlia" interviene Talbot con "Oh Dio...". Al termine della strofa Elisabetta ordina: "Guardie! Olà!"; Tutti: "Quali accenti! Ella delira"; Anna, Leicester e Talbot: "Giusto ciel, perduta ell'è"; Cecil e Coro: "Speme più per lei non v'è".
45. Nel canto "furente".
46. Nel canto "Sul tuo capo".
47. Questo e il precedente verso non sono musicati. Ma vedi la nota 49.
48. Nel canto "Dell'audace" invece di "Sull'audace".
49. L'uscita di Elisabetta, in questo momento, è molto logica: ella non ha più niente da aggiungere, e così accade anche nella tragedia. Tuttavia, in questo modo, viene a mancare una voce di protagonista nel concertato finale, e questo è contro le regole dell'opera; di conseguenza Donizetti rimanda l'uscita a poco prima che il concertato sia concluso, recuperando nel canto i due versi della precedente strofa di Elisabetta che non erano stati musicati (vedi nota 47).

Maria

Grazie, o Ciel! alfin respiro.
Da' miei sguardi ell'è fuggita.
Al mio piè restò avvilita,[50]
La sua luce si oscurò.[51]
Or guidatemi alla morte:
Sfiderò l'estrema sorte.[52]
Di trionfo un sol momento[53]
Ogni affanno compensò.

Leicester

Ti ho perduta,[54] o sconsigliata;
Quando salva ti bramai,
Quando fido a te tornai
L'empia folgore scoppiò.[55]
Nel tuo volto io già vivea,
De' tuoi sguardi mi pascea.
Ah! fu l'ombra del contento,
Né mai più la rivedrò.

---

50. Nella tragedia dice Maria a Elisabetta: "Ove il buon dritto / Regnasse, tu saresti nella polve / Stesa a' miei piedi".
51. A questo punto interviene Elisabetta con un "Olà! Trascinatela!" rivolto alle Guardie, e Maria, prima di iniziare la sua seconda strofa, canta "Addio per sempre".
52. Nel canto "Sfiderò l'avversa sorte".
53. Nel canto "Di trionfo un solo istante".
54. Nel canto "Ah ti perdo".
55. Nel canto "Il destin ci fulminò". Quindi, al termine della prima strofa, Leicester canta "Addio per sempre", poi ripete la prima strofa, e conclude: "Per sempre ci lasciò". La seconda strofa non viene cantata.

Talbot, Anna

Qual orrore! Oh sventurata!
Tu offendesti Elisabetta...
Fia tremenda la vendetta
Che all'offesa destinò.[56]
Ma gemente più di un core
Fia per te, pel tuo dolore.[57]
Ah! qual dai, qual dai tormento
A chi salva ti bramò.

Talbot, Leicester, Anna[58]

Ti ha perduta un sol momento
Che di sdegno il cor tentò.
Di trionfo un sol momento
Ogni affanno compensò.

Soldati

Taci... vieni... trema, trema:
Ogni speme a te mancò;[59]
Del supplizio l'onta estrema
La Regina a te serbò.

56. Nel canto la strofa di Anna e Talbot è modificata:
    Quali accenti, sconsigliata!
    Tu offendesti Elisabetta...
    Forse, ah, forse la vendetta
    All'offesa destinò.
57. Questi due versi non sono musicati.
58. La quartina di Talbot, Leicester e Anna non è musicata.
59. Il Coro canta: "Taci... vieni... incauta, trema: / Ogni speme s'eclissò".

Parte terza

Scena prima[1]

Galleria come nella prima Parte.

La <u>Regina</u> sedendo ad un tavolino sul quale è un foglio, e <u>Cecil</u> in piedi.

[*Scena e Terzetto*]

Cecil
E pensi? e tardi? e vive
Chi ti sprezzò? chi contro te raguna
Europa tutta, e la tua sacra vita
Minacciò tante volte?

Elisabetta
           Alla tua voce
Sento piombarmi al core[2]
Tutto il poter del mio deriso onore.
Ma... Oh Dio! chi mi assicura
Da ingiuste accuse?

Cecil
          Il Cielo, e la devota
Albione, e il mondo intero,
Ove la fama de' tuoi pregi suona,
E del cor di Stuarda, e dei delitti,
E delle ingiure a te recate...

---

1. Questa scena e la seguente corrispondono alle scene quinta e sesta dell'atto IV della tragedia.
2. Nel canto "in core".

Elisabetta

                    Ah! taci...
Oltraggiata son io... Come l'altèra!
Come godea del breve[3] suo trionfo!
Quai sguardi a me lanciava! Ah mio fedele,
Io voglio pace, ed Ella a me l'invola...

Cecil
Né di turbarti ancora,
Cessa se vive.

Elisabetta *(con impeto)*
               Ho risoluto... mora.
(prende la penna per segnare il foglio: poi si arresta indecisa, e si alza.)
          Quella vita a me funesta
             Io troncar, troncar vorrei,
             Ma la mano, il cor s'arresta,
             Copre un velo i pensier miei.
             Veder l'empia, udirla parmi,
             Atterrirmi, spaventarmi,
             E la speme della calma
             Minacciosa a me involar.
          Giusto Ciel! Tu reggi un'alma
             Facil tanto a dubitar.

Cecil
          Ah! perché così improvviso
             Agitato è il tuo pensiero?
             Non temer che mai diviso
             Sia da te l'onor primiero.[4]

3. La parola "breve" non è musicata.
4. Nel canto "Non temer che sia diviso / Mai da te l'onor primiero".

Degli accenti proferiti,
Degli oltraggi non puniti,
Ogn'Inglese in quest'istante
Ti vorrebbe vendicar.
Segna il foglio, ch'hai dinante:
Fia viltade il perdonar.[5]

Elisabetta
Sì.

---

5. I due ultimi versi sono, nel canto: "Segna il foglio, che i regnanti / Tel sapranno perdonar". Di conseguenza il precedente "in quest'istante" diventa, per esigenze di rima, "in quest'istanti".

Scena seconda

Leicester e detti.

Leicester

Regina!
(Elisabetta vedendo Leicester segna rapidamente il foglio; e lo dà a Cecil)

Elisabetta *(indifferente)*

A lei si affretti
Il supplizio.

Leicester *(vedendo il foglio)*

Oh, Ciel! quai detti!...
Forse è quella?

Cecil

È la sentenza.

Elisabetta

La sentenza o traditor...
Io son paga!...

Leicester

E l'innocenza
Tu condanni!

Elisabetta *(severa)*

E parli ancor?

Leicester

Deh! per pietà sospendi
L'estremo colpo almeno:
A' prieghi miei ti rendi,

O scaglialo al mio seno:
Niuno ti può costringere,
Libero è il tuo voler.

Cecil *(piano ad Elisabetta)*

Non ascoltar l'indegno
Or che già salva sei:
Per chi ti ardeva il Regno
Più palpitar non dei.
Il dì che all'empia è l'ultimo,
Di pace è il dì primier.

Elisabetta

Vana è la tua preghiera,
Son ferma in tal consiglio:
Nel fin di quell'altèra
È il fin del mio periglio.
Dal sangue suo più libero
Risorge il mio poter.

Leicester

Di una sorella, o barbara,
La morte hai tu segnato!

Elisabetta

E spettator ti voglio
Dell'ultimo suo fato.[6]
Sì, perderai l'amante *(insultandolo)*
Dopo il fatale istante[7]
Che il bellico metallo
Tre volte scoppierà.

---

6. Nella tragedia: "Muoia la scellerata! e spettatore / Sia quell'ingrato della sua caduta".
7. Nel canto "Dovrà perir l'amante".

Leicester

   E vuoi ch'io vegga?

Elisabetta

      Taci.[8]
  È morta ogni pietà.[9]
  Vanne, indegno: ti leggo nel volto[10]
  Il terror che in seno ti piomba,[11]
  Al tuo affetto prepara la tomba
  Quando spenta Stuarda sarà.

Leicester

  Vado, vado: ti appare sul volto[12]
  Che deliri, che avvampi di sdegno.
  Un conforto, un amico,[13] un sostegno
  Nel mio core la misera avrà.

Cecil

  Ah Regina! serena il tuo volto,
  Alla pace, alla gloria già torni:[14]
  Questo, ah! questo il più bello dei giorni
  Pel tuo soglio, per l'Anglia sarà.

            (partono.)

8. Nel canto "Taciti".
9. Quindi Leicester aggiunge: "Regina... Regina...".
10. Nel canto "t'appare sul volto".
11. Nel canto "Il terror che nel seno ti piomba".
12. Nel canto "ti leggo nel volto".
13. Nel canto prima "un amico", poi "un conforto".
14. Nel canto "Alla pace, alla gioia ritorni".

Scena terza[15]

Elisabetta sola.

Elisabetta
Ho già deciso... e l'abborrito nome
Dell'audace rivale
Fia nel passato in breve... altro non temo;
Era colei la furia eccitatrice
De' miei disastri, e già sconfitta cade.
Imene più non bramo
Stringer col Franco Re; la mia grandezza
Sorge potente senza alcun sostegno,
Or che secura sul mio trono io regno.

---

15. Questa scena (derivata dalla scena decima dell'atto IV della tragedia) non è
musicata. Nelle esecuzioni si passa direttamente all'inizio della Parte quarta, con una
breve pausa per il cambio di scena.

Parte quarta

Scena prima

Appartamenti di Maria Stuarda nel Castello di Forteringa.

Maria sola.

[*Scena e Duetto*]

Maria
La perfida insultarmi[1]
Volea nel mio sepolcro, e l'onta intera[2]
Su lei ricadde... Oh vile! E non son io
La figlia di Tudorri?[3] E qual trionfo
Spera ottener da me, che non la copra
D'infamia eterna?[4] E Leicester... forse
L'ira della tiranna a lui sovrasta.
Di tutti, ah! son la sventurata io sola.[5]

---

1. Nel canto è aggiunto "anche".
2. "Intera" non è musicato.
3. "Tudorri", italianizzazione (proposta anche da Maffei) di Tudor, la casata di Elisabetta, in quanto figlia di Enrico VIII e nipote di Enrico VII. Ma della stessa casata Tudor faceva parte Maria Stuarda, in quanto suo padre, Giacomo V, uno Stuart, era figlio di Giacomo IV Stuart e di Margherita Tudor, figlia di Enrico VII.
4. Questa frase non è musicata. Il canto riprende con "Ma Leicester...".
5. Nel canto "Ah! son di tutti la sventurata io sola".

Scena seconda

Cecil, Talbot e detta.

Maria *(a Cecil)*
Che vuoi?

Cecil
      Di tristo incarco
Io vengo esecutor... è questo il foglio
Che de' tuoi giorni ormai l'ultimo segna.

Maria
Così nell'Inghilterra
Vien giudicata una Regina?[6] A morte
Perché dannar tre vittime? Spiranti
Tra i tormenti più atroci
Strappar loro dal seno ingiuste accuse?
Oh iniqui! e i finti scritti...

Cecil
                  Il regno...

Maria
                           Basta.
Vanne: Talbo rimanti.

Cecil
Brami un sacro Ministro che ti guidi
Nel cammin della morte?

---

6. Nel canto da qui si passa direttamente a "Oh iniqui!".

Maria

Io lo ricuso.
Sarò, qual fui, straniera
A voi di culto.[7]

Cecil *(partendo)*

(Ancor superba e fiera!)

---

7. Maria era cattolica, mentre Elisabetta era protestante.

Scena terza[8]

Talbot e Maria

[Scena e Duetto della Confessione]

Maria
Oh mio buon Talbo!

Talbot
                    Io chiesi
Grazia ad Elisabetta di vederti
Pria dell'ora di sangue.

Maria
                    Ah! sì, conforta,
Togli quest'alma all'abbandono estremo.

Talbot
E pur con fermo aspetto
Quell'avviso feral da te fu accolto.

Maria
Ah! Talbo! Il cor non mi leggesti in volto:
Ei mi tremava... E Leicester?

Talbot
                    Debbe
Venirne spettator del tuo destino.
La Regina l'impone...

---

8. La scena della confessione corrisponde alla scena settima dell'atto V della tragedia, che si svolge fra Maria e Melville, suo maggiordomo, che copre sotto la livrea la
condizione sacerdotale.

Maria

          Oh l'infelice!

A qual serbato fia
Doloroso castigo!! Ei che possente
In mezzo allo splendor che l'abbagliava
I mali miei compianse.[9] E la tiranna
Esulterà... Né ancora
Piomba l'ultrice folgore?

Talbot

          Che parli?[10]

Maria

Tolta alla Scozia, al Trono, ed al mio culto,
Presso colei volli un asil di pace,
Ed un carcere trovai... Sol mi restava
Solo Roberto da quel dì che il cielo
Fu muto a' miei sospiri![11]

Talbot

          Che favelli?[12]

Maria

Ah no, Talbo, giammai... delle mie colpe
Lo squallido fantasma
Fra il Cielo e me sempre si pone, e i sonni
Agli estinti rompendo, dal sepolcro
Evoca la sanguigna ombra d'Arrigo...[13]

9. Questa frase non è musicata.
10. Nel canto "Deh, taci!".
11. Questa frase non è musicata.
12. Nel canto l'intervento di Talbot è più ampio: "Che favelli? Non ti concesse Iddio sollievo ai mali?".
13. Arrigo è Henry Darnley, il secondo marito di Maria, che sposò nel 1565 e che venne assassinato il 9 febbraio 1967. Il segretario di Maria, Davide Rizzio, divenne il suo amante poco dopo il matrimonio con Darnley, e fu assassinato nel 1566 dai nobili scozzesi protestanti alleatisi con il cattolico Darnley. James Bothwell (italianizzato, secondo il modello di Maffei, in Botuello) fu l'assassino di Darnley e il terzo marito di Maria.

E i giovanili errori,
Come aerei vapori, io veggo errarmi
Muti, muti d'intorno e spaventarmi.[14]
Talbo, li vedi tu? Del giovin Rizzio
Scorgi l'esangue spoglia? e Botuello...[15]

Talbot
Ahimè! Deh riconforta[16]
Lo smarrito pensier. Già ti avvicini
A' secoli immortali... Al ceppo reca
Puro il tuo cor d'ogni terreno affetto.

Maria
Sì, per lavar miei falli
Misto col sangue correrà il mio pianto.
Ascolta... io vo' deporli
Nel fedele tuo seno.

Talbot
Parla.

Maria
Un amico in te ritrovo almeno!
Quando di luce rosea
Il giorno a me splendea,
Quando fra liete immagini
Quest'anima godea,
Amor mi fè colpevole,
Mi aprì l'abisso amor.

---

14. Questi tre versi non sono musicati.
15. Nel canto: "Talbo, la vedi tu? Del giovin Rizzio / Ecco l'esangue spoglia...". "E Botuello" non è musicato.
16. Nel canto questo verso è "Ah, riconforta".

Al dolce suo sorridere
Non fu il mio cor più forte:[17]
Arrigo! Arrigo misero,
Per me soggiacque a morte;
Ma la sua voce lùgubre
Mi piomba in mezzo al cor.
Ombra adirata! plàcati,
In sen la morte io sento.
Ti bastin le mie lagrime
Ti basti il mio tormento.
Perdona ai lunghi gemiti,
E invoca[18] il Ciel per me.

Talbot

Da Dio perdòno ogni anima
Implorerà per te.
Un'altra colpa a piangere
Ancor ti resta...

Maria

E quale?[19]

Talbot

Noto non ti era Babbington?[20]

Maria

Taci: fu error fatale.

17. Nel canto "Odiava il mio consorte"; cioè l'amore colpevole che nasceva – per il giovane Rizzio – mi fece odiare il marito.
18. Nel canto "E prega".
19. Nel canto "Ahi, quale?".
20. Nel canto : "Unita eri a Babbington?". Talbot vuol sapere se Maria era al corrente del complotto ordito da Babbington per assassinare Elisabetta.

Talbot

Pensa ben che un Dio possente
È dei falli il punitore,
Che al suo sguardo onniveggente
Mal si asconde un falso core.

Maria

No, giammai sottrarsi al Cielo
Si potrebbe il mio pensiero:
Ah mio fido! un denso velo
Ha finor coperto il vero.
Sì, te 'l giura[21] un cor che langue,
Che da Dio chiede pietà.

Talbot

Ah! risplenda sul tuo sangue
L'oscurata verità.

Maria[22]

Ah! risplenda sul mio sangue
L'oscurata verità.

Talbot

Lascia contenta al carcere
La tua dolente vita,[23]
Andrai conversa in Angelo
Al Dio consolator.
E nel più puro giubilo
L'anima tua rapita,
Si scorderà dei palpiti
Dell'agitato cor.[24]

---

21. Nel canto "Sì, lo giura".
22. La battuta di Maria non è musicata, ed è sostituita da un "Sì... sì...".
23. Nel canto "Quest'affannosa vita"..
24. Nel canto "Ch'hanno agitato il cor".

Maria

> Or che morente è il raggio
> Della mia debil vita,
> Il Cielo sol può rendere
> La pace al mesto cor.
> Ah! se di troppe lagrime
> Quest'alma fu nudrita,
> Cessino i lunghi palpiti
> Nell'ultimo dolor.[25]

(partono.)

---

25. Alla fine del duetto, e prima della sua ripresa, c'è un brevissimo dialogo su queste parole: *Talbot*: Dunque innocente? *Maria*: Vado a morir... *Talbot*: Infelice, innocente, tu vai a morir. *Maria*: Sì, innocente, lo giuro, io vado a morir.

Scena quarta[26]

*Sala nel Castello
che mette negli appartamenti di Maria.
Gran porta chiusa in fondo. Notte.*

Coro *di familiari di Maria.*

[*Ultima scena*]

Coro I
Vedeste?

Coro II
Vedemmo...

Coro I
Qual truce apparato!
Un ceppo,[27] la scure.

Coro II
La fùnebre sala.

Tutti
È il popol festante[28] vicino alla scala
Del palco fatale... che vista! Che orror!

---

26. Da qui alla scena sesta il libretto corrisponde alla scena sesta dell'atto V della tragedia.
27. Nel canto "Il ceppo".
28. Qualche edizione del libretto e dello spartito correggono il "popolo festante" in "popolo fremente"; ma è un errore, perché il riferimento dei seguaci di Maria è proprio agli spettatori in festa per la morte di Maria, come si ricava dal verso seguente, che allude allo "stuolo malnato".

Coro I
La vittima attende lo stuolo malnato.

Coro II
La vittima Regia. Oh instabile sorte!

Tutti
Ma d'una Regina la barbara morte
All'Anglia fia sempre d'infamia e rossor.

Scena quinta

Anna e detti.

Coro
Anna.

Anna
     Qui più sommessi favellate.

Coro
La misera dov'è?

Anna
          Mesta, abbattuta
Ella si avanza. Deh! col vostro duolo
Non aggravate il suo rancor.

Coro
               Tacciamo.

Scena sesta

Maria vestita di nero, e *Talbot*.

Maria
Io vi rivedo alfin.

Coro
                    Noi ti perdiamo!

Maria
Vita miglior godrò. Solo vorrei
Che voi serbaste in cor viva memoria
Di chi vi amò.

Coro
                    Sarà l'immago tua
Sempre scolpita in noi.

Maria
                         Contenta io volo
All'amplesso di Dio... Ma voi fuggite
Questa terra d'affanno.[29]
Nel Franco suolo troverete asilo
Presso il cortese fratel mio... Felici
Tutti vi bramo... Ah! vieni,
O mia diletta Rosemunda al seno!
Prendi: di amore in pegno
Aureo monil ti dono... E tu, Geltrude,
Serba il mio anello... Voi
Una mia rimembranza anco otterrete.

------

29. Tutto il seguito del discorso di Maria non è musicato. Rosemunde e Geltrude sono cameriere di Maria citate anche nella tragedia.

Coro
Il duol ci spezza il cor!

Maria

                    Deh! non piangete!
Anna tu sola resti
Tu che sei la più cara... eccoti un lino
Di lagrime bagnato... agli occhi miei
Farai lùgubre benda allor che spenti
Saran per sempre al giorno... *(le dà il fazzoletto)*[30]
Ma voi piangete ancor? Meco vi unite,
Miei fidi, e al Ciel clemente
L'estrema prece alziam devota e ardente.
(s'inginocchia e tutti con lei)

Tutti

        Deh! Tu di un ùmile
          Preghiera il suono
          Odi, o benefico
          Dio di pietà.
        All'ombra accogli $\substack{la \\ mi}$

          Del tuo perdono,
          Altro ricovero
          Ella
        L'alma[31] non ha.

Maria *(si alza)*
        È vano il pianto,
        Il Ciel m'aita.

---

30. Nella tragedia: "Prendi / Questo povero lino; io di mia mano / L'ho trapunto per te nelle supreme / Ore del mio cordoglio, e lo bagnai / Delle calde mie lagrime! Con esso / Voglio che gli occhi tu mi bendi; e questo / Ultimo ufficio (poi che giunsi a tanto!) / Solo dalla mia fida Anna desìo".
31. Sia il Coro che Maria dicono "Il cor".

Coro[32]

> Scorda l'incanto
>> Della tua vita.

Maria[33]

> Tolta al dolore,
>> Tolta agli affanni,
>> D'eterno amore
>> Mi pascerò.

Coro[34]

> Distendi un velo
>> Su' corsi affanni,
>> Benigno il Cielo
>> Ti perdonò.

(si ode nel Castello il primo sparo del cannone.)

Tutti
Oh colpo!!

---

32. Al Coro si uniscono anche Anna e Talbot.
33. Ancor prima che da Maria, la quartina che segue è intonata da Anna e dal Coro, con una variante agli ultimi due versi: "Benigno il Cielo / Ti perdonò".
34. Al Coro si uniscono anche Anna e Talbot.

Scena settima[35]

Si apre la porta in fondo, e lascia vedere
una scala discendente, alla di cui vetta sono le guardie.
Cecil, viene dalla scala, e detti.

Cecil
            È già vicino
Del tuo morir l'istante. Elisabetta
Vuol che sia paga ogni tua brama... Parla.

Maria
Da lei tanta pietà non aspettai.[36]
Lieve favor ti chieggo. Anna i miei passi
Al palco scorga,[37] ed il sospiro estremo
Dal mio voli al suo petto.

Coro
               Io gelo.

Anna
                    Io tremo.

Cecil
Ella verrà.

---

35. Le due ultime scene del libretto corrispondono alle scene ottava e nona dell'atto V della tragedia.
36. Nel canto "isperai".
37. Il seguito della frase di Maria, come pure i seguenti interventi del Coro e di Anna, non sono musicati.

Maria

Se accolta
Hai la prece primiera, altra ne ascolta:
    Di un cor che more reca il perdono
        A chi mi offese, mi condannò.
    Dille che lieta resti sul trono,
        Che i suoi bei giorni non turberò.
    Sulla Brettagna, sulla sua vita,
        Favor celeste implorerò.
    Ah! dal rimorso non sia punita:
        Tutto col sangue cancellerò.

Coro[38]

    Scure tiranna! Tronchi una vita,
        Che di dolcezza ci ricolmò.

Cecil

    (La sua baldanza restò punita:
        Fra noi la pace tornar vedrò.)

---

38. Al Coro si uniscono anche Talbot e Anna.

Scena ultima

Leicester e detti, poi Sceriffi.

Leicester *(dal fondo)*
Ah![39]

Talbot *(a Maria)*
Giunge il Conte.

Maria
A qual ei viene
Lugubre scena.

Leicester *(a Maria)*
Io ti rivedo
Perduta... oppressa da ingiuste pene...
Vicina a morte.

Maria *(a Leicester)*
Frena il dolor.
Addio per sempre.

Cecil
Si avanza l'ora.

Leicester
Ah! ch'io non posso lasciarti ancora.
Scostati, o vile.
(a Cecil che vuole allontanarlo da Maria le di cui ginocchia egli abbraccia.)

---

39. Questa esclamazione non è musicata.

Maria *(a Leicester.)*

Taci.

Leicester *(sorgendo)*

Tremate
Iniqui tutti che la immolate.[40]

Talbot

Te stesso perdi.

Leicester

Temete un Dio.
Dell'innocenza vendicator!

(scoppio di cannone. Viene lo Sceriffo e gli Uffiziali che circondano Maria.)

Tutti *(meno Maria e Cecil)*

Ah! che non posso nel sangue mio[41]
Spegnere il cieco vostro furor!

(Cecil fa cenno a Maria d'incamminarsi.[42] Ella si volge a Leicester che, facendo forza a se stesso, le si avvicina. Maria si appoggia al di lui braccio.)

Maria *(a Leicester)*[43]

Ah! se un giorno da queste ritorte
Il tuo braccio salvar[44] mi dovea,
Or mi guidi a morire da forte
Per estremo conforto d'amor.
E il mio sangue innocente versato
Plachi l'ira del Cielo sdegnato,
Non richiami sull'Anglia spergiura
Il flagello di un Dio punitor.

40. "Che la immolate" non è musicato.
41. Nel canto "Ah! perché non posso col sangue mio".
42. Cecil dice "È l'ora", e Leicester "Vile!...".
43. Le ultime strofe di Maria sono precedute da "Roberto, Roberto, ascolta".
44. Nel canto "involar".

Cecil

Or dell'Anglia la pace è secura,
. La nemica del Regno già muor.
(Maria parte fra i Sceriffi. Anna la segue.)

Coro

Quali accenti! qual fiera sventura!
Infelice!... innocente ella muor![45]

---

45. Nel canto "Innocente!... Infamata ella muor!". Al Coro si uniscono tutti i personaggi, tranne Maria e Cecil.

Collana di Libretti d'Opera

a cura di Eduardo Rescigno

VINCENZO BELLINI
I Capuleti e i Montecchi (LB 138582)
Norma (LB 133767)
Il Pirata (LB 138832)
I Puritani (LB 136565)
La sonnambula (LB 135181)
La straniera (LB 138770)

GAETANO DONIZETTI
Anna Bolena (LB 138327)
Le convenienze e inconvenienze teatrali
(LB 140164)
Don Pasquale (LB 136993)
L'elisir d'amore (LB 135440)
Linda di Chamounix (LB 139214)
Lucia di Lammermoor (LB 134568)
Lucrezia Borgia (LB 138090)
Maria Stuarda (LB 134966)
Pia de' Tolomei (LB 140309)

WOLFGANG A. MOZART
Ascanio in Alba (LB 139660)
La clemenza di Tito (LB 139334)
Così fan tutte (LB 138990)
Don Giovanni (LB 136370)
Le nozze di Figaro (LB 138698)

AMILCARE PONCHIELLI
La Gioconda (LB 138251)

GIACOMO PUCCINI
Tutti i libretti in cofanetto (LB 139097)
La Bohème (LB 138896)
Edgar (LB 140046)
La fanciulla del West (LB 138955)
Madama Butterfly (LB 134616)
Manon Lescaut (LB 138204)
Tosca (LB 133957)
Il trittico (Gianni Schicchi - Suor
Angelica - Il tabarro) (LB 137641)
Turandot (LB 137938)

GIOACHINO ROSSINI
Il barbiere di Siviglia (LB 134612)
La Cenerentola (LB 138576)
Le Farse, Volume 1 (La cambiale di
matrimonio, L'inganno felice) (LB
140016)
Le Farse, Volume 2 (La scala di seta,
L'occasione fa il ladro, Il signor
Bruschino) (LB 139458)
La gazza ladra (LB 139335)
L'Italiana in Algeri (LB 134685)
Otello (LB 139802)
Tancredi (LB 139459)
Torvaldo e Dorliska (LB 139632)
Il Turco in Italia (LB 137355)
Il viaggio a Reims (LB 139295)
Zelmira (LB 140165)

GIUSEPPE VERDI
10 libretti in cofanetto (Aida, Ernani,
Falstaff, La forza del destino, Nabucco, Otello
Rigoletto, Simon Boccanegra, La traviata, Il
trovatore) (LB 138159)
Aida (LB 133768)
Un ballo in maschera (LB 138540)
Don Carlo (LB 138991)
Il corsaro (LB 139135)
Ernani (LB 135231)
Falstaff (LB 135600)
La forza del destino (LB 138005)
Verdi, Giovanna d'Arco (LB 140166)
I Lombardi alla prima Crociata
(LB 139134)
Luisa Miller (LB 138672)
Macbeth (LB 138511)
I masnadieri (LB 139777)
Nabucco (LB 134286)
Otello (LB 138067)
Rigoletto (LB 134686)
Simon Boccanegra (LB 137794)
Stiffelio (LB 139136)
La traviata (LB 136137)
Il trovatore (LB 137531)